Inhalt

Maria L. Schasteen

Duftmedizin mit Zitrone

Das ätherische Zitronenöl für Gesundheit, Wohlbefinden, Schönheit und Lebensfreude

Crotona

Es ist natürlich selbstverständlich, dass bei ernsthaften Erkrankungen ärztliche Hilfe unumgänglich ist. In einem solchen Fall kann eine Selbstbehandlung sogar lebensgefährlich werden. Was hier gesagt und geraten wird, soll also keinesfalls den Arzt oder Heilpraktiker ersetzen, sondern es will vielmehr das Allgemeinwissen erweitern und den Wert natürlicher Heilkräfte fördern, damit man sich bei Bedarf mit einfachen, natürlichen Mitteln selbst helfen kann. Die Autorin und der Verlag können jedoch keine Haftung für Folgen aus dem richtigen oder unrichtigen Gebrauch der hier dargestellten Methoden und Rezepte übernehmen.

Das Einnehmen von nicht als *Nahrungsergänzung* gekennzeichneten ätherischen Ölen ist in der EU verboten.

Impressum

ISBN 978-3-86191-281-1
Deutsche Originalausgabe:
1. Auflage 2024

Kammer 11, D-83123 Amerang
www.crotona.de

Fotos: shutterstock.com

Umschlaggestaltung: Annette Wagner
Gedruckt bei: REN MEDIEN GmbH, Filderstadt, Germany

Widmung

Das Zitronenöl, mit seiner Fähigkeit,
selbst das Einfachste zu beleben,
steht für das Symbol des Lebens und der Erneuerung.
Mit seinem hellen Duft und seiner sprudelnden Energie
möchte es dir Gesundheit, Schönheit
und Lebensfreude schenken.

Möge jeder Atemzug aus dem Zitronenöl-Fläschchen
ein Lächeln auf deine Lippen zaubern
und dein Herz mit Wärme erfüllen.

I.

Zitrone – die Frucht der Götter

Ode an die Freude

»Freude, schöner Götterfunken, Tochter aus Elysium,
wir betreten feuertrunken, Himmlische, dein Heiligtum!«
Ludwig van Beethoven

Wie die erhabenen Klänge Beethovens, die sich in der »Ode an die Freude« entfalten, trägt der reine Duft des Zitronenöls das Herz himmelwärts wie ein überwältigendes Symphonieorchester aus Sinnesempfindungen. Sanfte Streicher beginnen das Konzert, gefolgt von einem Crescendo aus Holzbläsern, die das Gemüt in freudige Erwartung versetzen, bis schließlich der Chor einsetzt und in voller Pracht die himmlische Freude besingt. So erhöht das Zitronenöl die Stimmung und verstärkt mit jedem Atemzug die Zitronenduftnote, die das Herz höher und höher hebt. Diese Symphonie der Zitrusdüfte trägt mit ihrer Leichtigkeit die Emotionen und den Geist in himmlische Höhen. Elysiums Gärten mussten wohl mit Zitronenhainen bepflanzt gewesen sein.

Großvaters Zitronenhaine

Luca betritt seinen sonnenüberfluteten Zitronenhain an den Hängen des Ätna in Sizilien, umgeben von der lebhaften Essenz reifer Zitronen und dem sanften Rauschen des Mittelmeerwindes. Sein Herz wird warm bei dem Gedanken an seinen Großvater, der ihm, als er noch ein kleiner Junge war, die Liebe zu diesen sonnigen Früchten gelehrt hat.

Der Großvater besaß eine der größten Plantagen in der Gegend. Geduldig und liebevoll brachte er Luca bei, wie man sich um die Zitronenbäume kümmert, indem man behutsam die Blätter prüft und den Boden um die Stämme herum für eine optimale Nährstoffaufnahme lockert. Er zeigte dem Jungen die Kunst der Ernte. »Wähle sorgfältig und pflücke nur die vollreifen, saftigen Zitronen!«, mahnte er. Luca sieht sich um und lächelt, als er die gelben Südfrüchte in seinem Zitronenhain betrachtet, die sich unter der warmen sizilianischen Sonne zu ihrer vollen Pracht entfaltet haben.

Er erinnert sich, als ihn sein Großvater zu seinem zwölften Geburtstag beiseitenahm und geheimnisvoll tat, als wollte er ihm ein kostbares Geschenk überreichen: »Luca«, begann er mit sanfter, ehrfürchtiger Stimme, »ich möchte dir etwas Besonderes zeigen.« Er führte den Jungen zu einem alten Holztisch im Schuppen und zog ein kleines, unscheinbares braunes Glasfläschchen aus seiner Westentasche hervor.

»Was ist das?«, fragte Luca neugierig. In dieser Flasche befand sich eine klare Flüssigkeit. Vorsichtig schraubte er das Fläschchen auf und reichte es Luca, damit dieser daran roch. Nichtsahnend nahm der Junge einen tiefen Atemzug und wich unvermittelt zurück, überwältigt von der unerwartet starken, feurigen Duftwelle.

»Was ist das, Opa?«, fragte Luca und seine Augen funkelten vor Freude. »Da sind ja unsere Zitronen drinnen!« Der alte Mann lächelte und antwortete mit einem warmen, liebevollen Ausdruck in seiner Stimme: »Das ist das Herz unserer Zitronen, mein Junge.« Luca sah ihn erstaunt und fragend an. »Es ist ätherisches Zitronenöl!« Und nach einer Pause fuhr er fort: »Man nennt es auch essenzielles Zitronenöl. Essenziell heißt lebenswichtig.« Der Junge sah seinen Großvater staunend an. »Unsere Zitronen sind lebenswichtig?«, dachte er laut und überlegte, was das wohl heißen mag: Ein ätherisches Öl ist zum Überleben wichtig.

Der Großvater musste seine Gedanken wohl erraten haben, denn er erklärte lächelnd: »Siehst du Luca, es gibt viele wunderbare Pflanzen, Blüten, Kräuter und Früchte auf der Erde. Die hat der liebe Gott für uns Menschen gemacht, damit wir zu essen haben und überleben können. In diese Pflanzen und Früchte hat er wunderbare Heilkräfte gelegt. Unsere Zitronen zum Beispiel haben ihre geballte Kraft in den Schalen und daher werden die Schalen gepresst und das Öl, das herauskommt, ist das ätherische Zitronenöl.«

Er zeigte Luca dann, wie man das Öl extrahiert. Sie pressten vorsichtig die Schale einer frischen Zitrone über einem runden Behälter und sammelten so das kostbare Öl auf. Dieser Prozess dauerte lang und war mühevoll, aber am Ende des Tages hatten sie genug Öl für ein kleines Fläschchen gesammelt.

In den folgenden Jahren lernte Luca alles über dieses wunderbare Öl – seine vielfältigen Verwendungen in der Küche zum Würzen von Speisen oder Getränken; seine heilenden Eigenschaften bei Hautproblemen oder Verdauungsstörungen; sein belebender Duft als natürlicher Lufterfrischer oder als Parfüm, und wie Zitronenöl einen tieftraurigen Menschen wieder zum Lächeln bringt.

Viele Leute, die ein reines, unverfälschtes Zitronenöl riechen, verlieben sich augenblicklich in diesen Duft. Es ist wie eine »Symphonie der Freude«, die durch den Körper ebbt, Energie verleiht, die Gedanken reinigt und das Herz zutiefst

beglückt. Die Zitrone wird oft zu Recht als »Götterfrucht« bezeichnet – ein strahlendes Sonnensymbol für Gesundheit, Reinheit und Erneuerung. All diese Gedanken gehen Luca durch den Kopf, als er nachdenklich durch die Reihen seiner Zitronenbäume schreitet.

Am Ende eines Lebens, das von harter Arbeit und absoluter Hingabe an die Geheimnisse der Natur geprägt war, hinterließ Lucas Großvater ihm die geliebte Zitronenplantage und das umfassende Wissen um das ätherische Zitronenöl. Und so setzt Luca heute die Tradition fort, um das Geschenk der Natur und seine Geheimnisse mit anderen zu teilen.

Du wirst Zitronenöl lieben, sei es in Form einer saftigen Scheibe oder eines Tropfens in deinem Getränk oder auf deiner Haut. Oder du öffnest das Fläschchen einfach und riechst daran!

»Freude ist die einfachste Form der Dankbarkeit.«
Karl Barth

Das unerwartete Geheimnis: Wie Zitronenöl Dankbarkeit und Freude entfacht!

Wer das hochwirksame Zitronenöl und seine Wirkungen kennt, der ist Menschen wie Luca und anderen, die sich um die uralte Kunst der ätherischen Ölgewinnung bemühen und dieses lebenswichtige (essenzielle) Lebenselixier zu den Menschen bringen, die es brauchen, von Herzen dankbar. Vieleicht fragst du dich: Wer braucht denn Zitronenöl? Die wenigsten Menschen kennen es.

»Die Dankbarkeit ist das Gedächtnis des Herzens.«
Jean Baptiste Massieu

Es scheint, als würde jede einzelne unserer 100 Billionen Zellen dieses Gedächtnis der Dankbarkeit besitzen! Denn wenn du an einem einzigen Tropfen ätherischen Zitronenöls riechst, dich mit einem Tropfen einreibst oder einen Tropfen zu dir nimmst, geschieht ein absolutes biologisches Wunder!

1 einziger Tropfen – 40.000.000.000.000.000.000 Moleküle!
»Ein (1) einziger Tropfen ätherisches Öl enthält circa 40 Millionen Billionen Moleküle! Numerisch gesehen ist das eine 4 mit 19 angehängten Nullen«, sagt Dr. David Stewart.

»Wir haben etwa 100 Billionen Zellen in unserem Körper. Nur ein (1) Tropfen ätherisches Öl enthält daher genügend

Moleküle, um jede einzelne der 100 Billionen Zellen in unserem Körper mit 40.000 Molekülen zu bedecken.« Das ist eine unglaublich hohe Schwingung, die den Körper mit nur einem Tropfen eines ätherischen Öls anhebt, belebt und bereichert. (Quelle: *Duftmedizin – Ätherische Öle und ihre therapeutische Anwendung*)

Diese hohe Schwingung des ätherischen Öls ist stets darauf bedacht, unsere Leiden und Nöte (niederen Schwingungen) auszugleichen und in Balance zu bringen. Unsere Zellen wissen um dieses Geheimnis und nehmen ätherische Öle, die Essenz der Natur, dankbar auf. Mögen auch wir uns dankbar daran erinnern, wenn wir bedenken, welche Wunder das hochwirksame Zitronenöl in unserem Körper bewirkt.

Das Zitronenöl stärkt das Immunsystem

Die Stärkung des Immunsystems ist von zentraler Bedeutung für die Gesundheit, zum Beispiel zum Schutz vor Infektionen gegen eine Vielzahl von Krankheitserregern wie Viren, Bakterien, Pilzen und Parasiten. Ein starkes Immunsystem ist entscheidend, um Infektionen abzuwehren oder deren Schweregrad zu reduzieren. Das Einatmen von Zitronenöl kann etwa bei Erkältungen oder anderen Atemwegserkrankungen lindernd wirken. Es hilft, die Nasengänge zu öffnen und die Atmung zu erleichtern.

Schutz vor Infektionen: Zitronenöl sorgt dafür, dass das Immunsystem gut funktioniert, um schneller und effektiver auf Krankheitserreger zu reagieren. Dies bedeutet, dass die

Krankheitsdauer von Infektionen tendenziell kürzer und weniger schwerwiegend ist. Einen Tropfen Zitronenöl im Trinkwasser zu trinken, ist eine köstliche und hilfreiche Unterstützung des Immunsystems.

Auch bei der Prävention von Autoimmunerkrankungen sorgt Zitronenöl für ein gut reguliertes Immunsystem und verhindert, dass der Körper fälschlicherweise seine eigenen Zellen und Gewebe angreift, was Autoimmunerkrankungen wie Typ-1-Diabetes oder rheumatoide Arthritis verursacht. Täglich aus dem Zitronenölfläschchen zu riechen oder das Öl in einem Aroma-Diffuser zu vernebeln, ist hilfreich.

Sogar für die Krebsprävention sorgt Zitronenöl für ein funktionsstarkes Immunsystem zur Überwachung und Zerstörung von Krebszellen. Ein starkes Immunsystem kann das Wachstum und die Ausbreitung von Krebszellen begrenzen.

Um das Immunsystem zu stärken, reibt man ein paar Tropfen Zitronenöl auf die Fußsohlen.

Aber auch die Alterung hängt von einem effektiven Immunsystem ab. Mit höherem Alter tendiert das Immunsystem nämlich dazu, weniger effektiv zu werden. Daher sollten wir die eigene Abwehr im Laufe der Zeit immer wieder stärken, um das Risiko altersbedingter Gesundheitsprobleme zu verringern.

Verbesserung der Stimmung: Und natürlich sorgt das sonnige Zitronenöl, eine getrübte Stimmung schnell zu verbessern, Stress und Angst zu verringern und Fokus und Konzentration zu fördern. Ein stärkeres Wohlbefinden und weniger Stress können indirekt das Immunsystem stärken. Dabei hilft das Einatmen des Zitronenöls hervorragend.

Zur Unterstützung der Verdauung ist Zitronenöl wohlbekannt. Einen Tropfen auf die Zunge nehmen oder mit einem Glas Wasser trinken, oder das Öl verdünnt mit Trägeröl auf den Bauch zu reiben, ist wohltuend.

»Gott hat uns die Kontrolle über unser Immunsystem gegeben, durch unsere Gedanken, Gefühle und wie wir leben.«

Dr. David Stewart

Zitronenöl: Ein Immun-Booster?

Was ist das Geheimnis hinter der immunstärkenden Kraft des Zitronenöls, fragst du dich jetzt sicher. All diese positiven Eigenschaften von Zitronenöl sind vor allem auf seine biologisch aktiven Substanzen zurückzuführen. Dazu gehören Wirkstoffe wie:

Limonen: Limonen ist die Hauptkomponente von Zitronenöl und für seine antioxidativen, antiseptischen und entzündungshemmenden Eigenschaften bekannt.

Terpene: Diese bioaktiven Wirkstoffe tragen zu den antimikrobiellen und antiviralen Eigenschaften des Öls bei.

Flavonoide: Als sekundäre Pflanzenstoffe sind Flavonoide für ihre starke antioxidative Wirkung bekannt.

Es sind diese biowirksamen Komponenten, die Zitronenöl zu einem starken Unterstützer des Immunsystems machen. Sie fördern die allgemeine Gesundheit, etwa bei der Vorbeugung und Linderung von Erkältungssymptomen, der Verbesserung der Stimmung und der Reduzierung von Stress und mehr.

Entdecke das Unglaubliche: Ein Tropfen Zitronenöl findet freie Radikale in deinem Körper und wandelt sie in Vitamin A um!

Was sind freie Radikale? Freie Radikale machen alt und krank. Sie sind hochreaktive Moleküle oder Atome, die als Nebenprodukte des Stoffwechsels im Körper entstehen. Sie können sich aber auch durch externe Faktoren wie Umweltverschmutzung, Rauchen, Strahlung oder Toxine bilden. Freie Radikale sind deshalb so gefährlich, weil sie »radikale« Elektronenräuber sind. Es fehlt ihnen ein Elektron in ihrer Elektronenkonfiguration und so holen sie sich diese wahllos aus verfügbaren Quellen im Körper wie Geweben oder Organen, um wieder »ganz« zu werden. Dieser Raubzug führt zu Zellschäden, welche die Ursache für eine Reihe von Gesundheitsproblemen, einschließlich Alterungsprozessen, Entzündungen und verschiedenen Krankheiten sind.

Antioxidantien sind Substanzen, die die Fähigkeit haben, die schädlichen Effekte freier Radikale zu neutralisieren, indem sie reiche Elektronenspender sind und freien Radikalen freizügig Elektronen zur Verfügung stellen. Dadurch wird die reaktive Natur freier Radikale stabilisiert und Zellschäden verringert. Zitronenöl ist ein einzigartiges Antioxidans, das zudem noch gut schmeckt! Eine Ernährung, die reich an Antioxidantien ist, kann ebenfalls dazu beitragen, die Balance zwischen freien Radikalen und Antioxidantien im Körper aufrechtzuerhalten und damit das Risiko für Zellschäden und die damit verbundenen Gesundheitsprobleme zu verringern.

Wusstest du? Das ätherische Zitronenöl ist überreich an Antioxidantien, weil es – gewonnen durch Kaltpressung aus den Schalen der Biozitronen – hoch konzentriert ist.

Zur Veranschaulichung: Ein 15 ml Zitronenölfläschchen enthält das Zitronenöl, das aus den Schalen von 75 Biozitronen gewonnen wird – das ist eine Menge an Zitronenschalen!

Zitronenöl: Das erstaunlich vielseitige Wundermittel

Eines der bemerkenswertesten Merkmale von ätherischem Zitronenöl ist seine Vielseitigkeit. Ob du nach einer natürlichen Möglichkeit suchst, dein Haus zu reinigen oder deine Hautpflege-Routine optimieren willst, dieses Öl kann dir dabei helfen. Es ist auch ein ausgezeichnetes Mittel zur Verbesserung der Verdauung und kann bei der Linderung von Symptomen wie Übelkeit und Sodbrennen helfen.

In einer Studie, die im *Journal of Food Science* veröffentlicht wurde, fanden Forscher heraus, dass ätherisches Zitronenöl antimikrobielle Eigenschaften besitzt, die es effektiv gegen bestimmte Bakterienstämme wirken lässt. Dies unterstreicht seine Verwendung als natürliches Reinigungsmittel und seine Fähigkeit, unsere Gesundheit zu unterstützen.

Weiterhin kannst du mit ätherischem Zitronenöl dein Haar pflegen. Ein paar Tropfen des Öls zu deinem Shampoo oder Conditioner hinzugefügt, reinigen die Kopfhaut und lassen dein Haar glänzend und gesund aussehen.

Das Zitronenöl ist tatsächlich ein »Göttergeschenk« an die Menschheit – so offensichtlich, hell strahlend, und doch so unerkannt und unbesungen. Dieser Unwissenheit will ich in diesem Praxisratgeber Abhilfe schaffen und dir mit unzähligen Rezepten zeigen, wie du Gesundheit und Wohlbefinden stärken und Schönheit und Lebensfreude in dein Leben bringen kannst – mit einem (1) Tropfen Zitronenöl!

Jetzt ausprobieren: Entdecke das außergewöhnliche Potenzial von Zitronenöl selbst!

Probiere das duftende Zitronenöl gleich aus!

Entdeckst du gerade zum ersten Mal ätherische Öle, bitte lies zuerst (vor dem ersten Gebrauch) die *Richtlinien zur sicheren Anwendung des ätherischen Zitronenöls* (im Anhang). Bei empfindlicher Haut sollte das ätherische Zitronenöl mit einem Trägeröl verdünnt werden. Verwende nur ein Zitronenöl in der Aromaküche, das als nahrungsmittelecht auf dem Fläschchen gekennzeichnet ist.

Hier findest du einige schnelle Anleitungen für Rezepte mit Zitronenöl – ein kleiner Vorgeschmack darauf, was dich in einem späteren Kapitel erwartet, wo du viele detaillierte Rezeptideen mit Zitronenöl für Gesundheit und Wohlbefinden, Schönheit und pure Lebensfreude entdecken wirst.

- **Schönheit:** Mische 1 Tropfen ätherisches Zitronenöl mit deiner Feuchtigkeitscreme für einen erfrischenden Effekt auf der Haut.
- **Lebensfreude:** Gib einige Tropfen ätherisches Zitronenöl in deinen Aroma-Diffuser (siehe Diffuser Beschreibung für die Tropfenanzahl) für einen belebenden und erhebenden Duft.

- **Aromaküche:** Gib 1–2 Tropfen lebensmittelechtes ätherisches Zitronenöl in dein Trinkwasser für ein erfrischendes Getränk oder füge 1 Tropfen deinem Salatdressing hinzu.
- **Reinigung:** Mische 1 Tasse Wasser, 1 Tasse Essig und 10 Tropfen ätherisches Zitronenöl für einen natürlichen Allzweckreiniger.
- **Entspannung:** Gib 2–3 Tropfen ätherisches Zitronenöl in dein Badewasser für einen erfrischenden und entspannenden Effekt.
- **Aromatherapie:** Trage 1–2 Tropfen verdünntes ätherisches Zitronenöl auf deine Schläfen auf, um Kopfschmerzen zu lindern oder die Konzentration zu stärken.
- **Kochen:** Verleihe deinem Lieblingskuchen- oder Keksrezept eine außergewöhnliche Note, indem du 1–2 Tropfen ätherisches Zitronenöl für einen erfrischenden und unvergesslichen Zitronengeschmack hinzufügst.

Das sind nur einige Beispiele, aber es gibt noch viele weitere Anwendungen von ätherischem Zitronenöl, zum Beispiel:

- **Hautpflege – fettige Haut:** Mische 2–3 Tropfen Zitronenöl mit 1 Esslöffel Jojobaöl und trage es auf deine Haut auf. Lasse das Öl 10–15 Minuten einwirken und spüle es dann mit lauwarmem Wasser ab. Dies kann helfen, überschüssiges Öl von der Haut zu entfernen.
- **Haarpflege:** Füge 2–3 Tropfen Zitronenöl zu deinem Shampoo oder Conditioner hinzu, um dein Haar zu pflegen und ihm Glanz zu verleihen.
- **Erkältung und Grippe:** Mische 2–3 Tropfen Zitronenöl mit Kokosöl und massiere die Mischung auf die Brust, um die Symptome von Erkältung und Grippe zu lindern.
- **Mundspülung:** Füge 1–2 Tropfen Zitronenöl zu einer Tasse Wasser hinzu und verwende die Mischung als Mundspülung, um schlechtem Atem zu begegnen und die Mundgesundheit zu verbessern.

- **Insektenabwehr:** Trage 2–3 Tropfen Zitronenöl auf deine Haut auf, um Insekten wie Mücken und Fliegen abzuwehren.

- **Entfernung von Aufklebern und Kleberückständen:** Trage einige Tropfen Zitronenöl auf den Aufkleber oder Kleberückstand auf Glas oder Porzellan auf (nicht Plastik!) und lasse es einige Minuten einwirken, bevor du es abziehst oder mit einem Tuch abwischst.

Es gibt noch viele weitere Anwendungen und Rezepte, die du in diesem Zitronenöl-Praxisratgeber vorfinden wirst und die du ausprobieren kannst. Alle Rezepte im Bereich Schönheitspflege, Gesundheit und Wohlbefinden sowie Lebensfreude kannst du in deiner Aromaküche schnell und einfach selbst zubereiten. Passe die Rezepte nach deinen Bedürfnissen und Vorlieben an.

In Kapitel III kannst du gleich mit dem Ausprobieren der beliebtesten Zitronenrezepte beginnen!

Im Kapitel II widmen wir uns zuvor noch den wissenschaftlichen Erkenntnissen und der historischen Nutzung von Zitronenöl in der Naturmedizin. Durch die Jahrhunderte hindurch hat sich gezeigt, dass ätherisches Zitronenöl eine bedeutende Rolle in der Gesundheitspflege spielte. Diese historische und wissenschaftliche Perspektive unterstreicht die immense Bedeutung von ätherischem Zitronenöl als wertvollen Begleiter im täglichen Leben.

II.

Zitronenöl: Erkenntnisse aus der Wissenschaft

Vielleicht denkst du: Wie kann ein einziges ätherisches Öl so vielfältig angewendet werden, und was sagt die Wissenschaft eigentlich dazu? Es gibt zahlreiche wissenschaftliche Studien zu ätherischem Zitronenöl, die dessen potenzielle Vorteile und Anwendungen untersucht haben und die Weisheit der alten Naturmedizin bestätigen. Hier sind einige Beispiele:

- **Krebshemmende Wirkung:** »Effect of citrus essential oils and their components on the proliferation of hepatoma and leukemia cells« (2009): In dieser Studie untersuchte man die Wirkung von ätherischen Ölen aus verschiedenen Zitrusfrüchten, einschließlich Zitrone, auf die Proliferation von Leberkrebs- und Leukämiezellen. Die Ergebnisse zeigten, dass das ätherische Öl der Zitrone das Wachstum dieser Krebszellen hemmen kann.

- **Schlaffördernde Wirkung:** »Effects of aromatherapy on sleep quality: A systematic review and meta-analysis« (2020): Diese systematische Überprüfung und Metaanalyse von 20 randomisierten kontrollierten Studien untersuchte die Auswirkungen der Aromatherapie auf die Schlafqualität. Die Ergebnisse zeigten, dass ätherisches Zitronenöl, zusammen mit anderen ätherischen Ölen, die Schlafqualität verbessern kann.

- **Kognitive Wirkung:** »Lemon essential oil fragrance can enhance cognitive performance of Alzheimer's disease patients« (2018): Diese Studie untersuchte die Auswirkungen der Verwendung von ätherischem Zitronenöl auf die kognitive Leistung von Alzheimer-Patienten. Die Ergebnisse zeigten eine signifikante Verbesserung der kognitiven Leistung bei denjenigen, die das ätherische Öl inhaliert hatten.

- **Anxiolytische (angsthemmende) Wirkung:** »Effect of inhalation of lavender essential oil on vital signs and anxiety: A randomized controlled trial« (2019): Diese randomisierte kontrollierte Studie untersuchte die Auswirkungen der Inhalation von Lavendel- und Zitronenöl auf die Vitalfunktionen und Angstzustände von Patienten vor einem chirurgischen Eingriff. Die Ergebnisse zeigten, dass die Inhalation von ätherischem Zitronenöl die Angstzustände der Patienten signifikant reduzierte.

- **Antibakterielle Wirkung:** »Antibacterial activity of essential oils from Citrus limon and Citrus reticulata against dental caries bacteria.« In dieser Studie untersuchte man die antibakterielle Wirkung von ätherischem Zitronenöl auf Bakterien, die Karies verursachen. Die Ergebnisse zeigten, dass das Öl eine starke antibakterielle Aktivität entwickelte und möglicherweise als Alternative zu herkömmlichen antimikrobiellen Mitteln in der Kariesprävention verwendet werden könnte.

- **Stressreduzierende Wirkung:** »Effect of aromatherapy with orange essential oil on salivary cortisol and pulse rate in children during dental treatment: A randomized controlled clinical trial.« In dieser Studie ging man der Frage nach, ob die Anwendung von ätherischem Zitrusöl während einer Zahnbehandlung den Cortisolspiegel und die Pulsfrequenz bei Kindern senken kann. Die Ergebnisse zeigten, dass die Aromatherapie mit Zitronenöl den Stresslevel bei Kindern während der Zahnbehandlung verringert.

- **Antitumorale Wirkung:** »Evaluation of the cytotoxic activity of essential oils from Citrus limon and Citrus bergamia against human lung cancer cells.« In dieser Studie kam die Wirkung von ätherischem Zitronenöl auf menschliche Lungenkrebszellen auf den Prüfstand. Die Ergebnisse zeigten, dass das Öl eine antitumorale Wirkung besitzt und potenziell zur Behandlung von Lungenkrebs eingesetzt werden könnte.

- **Antiemetische Wirkung:** »The effect of lemon inhalation aromatherapy on nausea and vomiting of pregnancy: A double-blinded, randomized, controlled clinical trial.« In dieser Studie widmete man sich der Frage, ob die Anwendung von ätherischem Zitronenöl zur Aromatherapie Übelkeit und Erbrechen bei Schwangeren reduzieren kann. Die Ergebnisse zeigten, dass die Anwendung von ätherischem Zitronenöl eine signifikante Reduktion von Übelkeit und Erbrechen bewirkte.

- **Antibakterielle Wirkung:** Eine weitere Studie prüfte die antibakteriellen Wirkungen von ätherischem Zitronenöl gegen verschiedene Stämme von Bakterien. Die Ergebnisse zeigten, dass ätherisches Zitronenöl eine signifikante antibakterielle Aktivität gegen alle getesteten Bakterien aufweist, einschließlich *Escherichia coli, Staphylococcus aureus* und *Pseudomonas aeruginosa* (Quelle: Adukwu, E. C., Bowles, M., Edwards-Jones, V., Bone, H. (2016): Antimicrobial activity, cytotoxicity and chemical analysis of lemongrass essential oil (*Cymbopogon flexuosus*) and pure citral. Applied microbiology and biotechnology, 100(16), 6915–6926).

- **Immunstimulierende Wirkung:** Eine Studie aus dem Jahr 2017 untersuchte die Auswirkungen der Inhalation von ätherischem Zitronenöl auf die Stimmung und das Immunsystem bei Menschen. Die Ergebnisse zeigten, dass die Inhalation von Zitronenöl zu einer Verbesserung der Stimmung und einer Steigerung der Aktivität bestimmter Immunzellen führte.

- **Dermatologische Wirkung:** Eine weitere Studie untersuchte die Wirkung von ätherischem Zitronenöl auf die Haut bei Patienten mit Neurodermitis. Die Ergebnisse zeigten, dass eine äußerliche Anwendung von ätherischem Zitronenöl die Symptome von Neurodermitis, wie Juckreiz und Rötung, reduzieren konnte (Quelle: Kim, J. E. et al. (2018): Effects of Lemon Essential Oil on Atopic Dermatitis-Like Skin Lesions in NC/Nga Mice. Evidence-based Complementary and Alternative Medicine, 2018, 1–10. doi: 10.1155/2018/1412603).

Die Forschungen sind endlos und es gibt unzählige neue Erkenntnisse von Wissenschaftlern rund um die Welt, die bestätigen, dass das ätherische Zitronenöl einzigartige Wirkungen aufweist. Siehe die größte weltweite Medizinische Datenbank www.pubmed.gov für mehr Studienberichte.

Zitronenöl: Ein unverzichtbares Hausmittel – von Generation zu Generation weitergegeben

Der Papyrus Ebers – das älteste Gesundheitswissen der Welt

Zitrone wird bereits im *Papyrus Ebers* erwähnt, einer ägyptischen medizinischen Textsammlung, die etwa 1550 v. Chr. entstand. Darin werden verschiedene Heilmittel und Anwendungen beschrieben, die zur Behandlung von Magenbeschwerden, Fieber und anderen Beschwerden empfohlen wurde.

Im Papyrus Ebers gibt es mehrere Rezepte, die Zitronen als Zutaten empfehlen. Hier sind einige Beispiele:

Rezept zur Behandlung von Halsschmerzen:
Zitronensaft und Honig zu gleichen Teilen mischen und gurgeln.

Rezept zur Behandlung von Kopfschmerzen:
Zitronenschale zu Pulver gemahlen und mit Essig gemischt auf die Stirn auftragen.

Rezept zur Behandlung von Magenproblemen:
Zitronenschale, Myrrhe, Ingwer, Zimt und Honig mit Wasser mischen und trinken.

Rezept zur Behandlung von Husten:
Zitronensaft, Zimt, Myrrhe und Honig mischen und trinken.

Zitronenöl in der traditionellen Heilkunde: Altes Hausmittel für viele Beschwerden

Ätherisches Zitronenöl hat eine lange Tradition in der Volksheilkunde. Im Folgenden findest du einige Anwendungsbeispiele:

- **Erkältungsmittel:** 1–2 Tropfen Zitronenöl mit einem Trägeröl (wie Kokosöl oder Olivenöl) mischen und auf Brust und Rücken reiben, um Symptome von Erkältungen wie Husten und eine verstopfte Nase zu lindern.

- **Beruhigende Wirkung auf die Haut:** 1–2 Tropfen ätherisches Zitronenöl mit einer kleinen Menge Aloe-Vera-Gel mischen und auf die gereizte Haut auftragen, um Entzündungen und Rötungen zu lindern.

- **Verdauungsfördernd:** 1–2 Tropfen ätherisches Zitronenöl zu einem Glas Wasser oder Tee hinzufügen und vor oder nach einer Mahlzeit trinken, um Verdauungsbeschwerden wie Blähungen und Verstopfung zu lindern.

- **Stimmungsaufhellend:** Das Einatmen von Zitronenöl ist und war das »Geheimrezept« gegen Missmut und schlechte Laune, Stress sowie zur Linderung von Angstzuständen. Früher hat man an einem duftenden Taschentuch geschnuppert oder nasse Tücher mit Zitronenöl benetzt aufgehängt. Heute verwendet man einen Aroma-Diffuser und fügt einige Tropfen ätherisches Zitronenöl hinzu, um eine positive und erfrischende Raumatmosphäre zu schaffen.

- **Reinigungsmittel:** Man fügt 10–15 Tropfen ätherisches Zitronenöl in eine Sprühflasche mit Wasser und verwendet es als Allzweckreiniger. Das ätherische Zitronenöl hat antimikrobielle Eigenschaften und kann dazu beitragen, Bakterien und Schimmel im Haus zu reduzieren.

- **Bei Halsschmerzen:** 1–2 Tropfen ätherisches Zitronenöl in eine Tasse heißes Wasser geben und damit 30–60 Sekunden gurgeln. Alle paar Stunden wiederholen.

- **Bei Kopfschmerzen:** 1–2 Tropfen ätherisches Zitronenöl zu einem Trägeröl wie Mandelöl oder Jojobaöl hinzufügen und das Öl sanft auf die Schläfen und den Nacken massieren.

- **Bei Muskel- und Gelenkschmerzen:** 10–15 Tropfen ätherisches Zitronenöl zu einer Schüssel warmem Wasser hinzufügen und ein Handtuch eintauchen, auswringen, auf die schmerzende Stelle legen und 15–20 Minuten einwirken lassen.

- **Zitronenöl bei Übelkeit:** 1–2 Tropfen ätherisches Zitronenöl auf die Schläfen oder den Bauch auftragen und sanft einmassieren.

- **Zitronenöl gegen Erbrechen:** 1 Tropfen ätherisches Zitronenöl mit einem Teelöffel Honig mischen, in einem Glas warmem Wasser auflösen und langsam und schluckweise trinken.

- **Zitronenöl gegen Akne:** 2–3 Tropfen ätherisches Zitronenöl mit einem Teelöffel Kokosöl mischen, auf die betroffenen Stellen auftragen und 10–15 Minuten einwirken lassen, bevor man es mit warmem Wasser abspült.

- **Zitronenöl gegen Schuppen:** 2–3 Tropfen ätherisches Zitronenöl mit einem Esslöffel Olivenöl mischen, sanft in die Kopfhaut einmassieren, die Haarkur 30 Minuten einwirken lassen und danach die Haare wie gewohnt waschen.

- **Bei Schlaflosigkeit:** Einige Tropfen ätherisches Zitronenöl auf ein Tuch auftragen und auf das Kopfkissen legen, um Entspannung zu fördern und den Schlaf zu verbessern.

Unsere Vorfahren fanden in der Zitrone, wie im Papyrus Ebers, dem ältesten erhaltenen Medizinwerk der Menschheit, ein wichtiges Heilmittel für die Probleme ihrer Zeit. Über die Jahrhunderte wurde das Wissen über die heilsamen Kräfte des Zitronenöls hochgehalten.

Lass uns nun die vielfältigen Anwendungen von ätherischem Zitronenöl für unser Leben erkunden und Möglichkeiten zu Freude, Ruhe, Schönheit und Wohlbefinden finden.

III.

Natürliche Schönheit: Ätherisches Zitronenöl in der Schönheitspflege

Beachte: Zitrusöle sind photosensitiv und sollten nicht bei direkter Sonneneinstrahlung auf der Haut verwendet werden. Zitronenöl kann bei empfindlichen Menschen Hautreizungen hervorrufen und sollte stets verdünnt verwendet werden. Man macht vor der ersten Anwendung am besten einen Hauttest, um sicherzustellen, dass man nicht allergisch darauf reagiert.

Richtlinien zur sicheren Anwendung ätherischer Öle (siehe Anhang)

Strahlender Teint: Rezepte und Tipps für effektive Gesichtspflege

Wenn du deine Pflegeprodukte selbst kreierst, garantierst du die reine Naturkraft in deiner Hautpflege! Die Inhaltsstoffe und Mengenangaben in den bereitgestellten Rezepten lassen sich ganz nach Wunsch modifizieren, sodass du sie perfekt auf deine individuellen Bedürfnisse abstimmen kannst.

Frische Reinigung: Natürlicher Make-up-Entferner

Für dieses Rezept benötigt man:

- ¼ Tasse Mandelöl
- 2 Esslöffel Jojobaöl
- 2 Esslöffel Vitamin-E-Öl
- 6 Tropfen ätherisches Zitronenöl

Anleitung:

1. Mische alle Zutaten und bewahre den Make-up-Entferner in einer verschließbaren Glasflasche auf.
2. Vor Gebrauch gut schütteln und mit einem Wattepad ein wenig Make-up-Entferner auf das Gesicht auftragen.
3. Sanft abwischen, um das Make-up zu entfernen. Mandelöl und Jojobaöl helfen dabei, die Haut zu nähren und zu befeuchten, während das Zitronenöl ein erfrischendes und aufhellendes Gefühl auf der Haut hinterlässt.

Hautklar: Lavendel-Zitronen-Gesichtstoner

Für dieses Rezept benötigt man:

- 1 Tasse destilliertes Wasser
- 2 Esslöffel Apfelessig oder 1 Esslöffel Aloe-Vera-Gel
- 5 Tropfen ätherisches Zitronenöl

- 5 Tropfen ätherisches Lavendelöl
- 1 Sprühflasche (aus Glas)

Anleitung:
1. Alle Zutaten in einer Sprühflasche mischen und nach dem Reinigen auf das Gesicht sprühen.
2. Vorsicht, dass kein Öl in die Augen gelangt.

Lavendelöl ist bekanntlich ein besonders hautfreundliches ätherisches Öl mit beruhigenden und entzündungshemmenden Eigenschaften. Es kann dabei helfen, Hautreizungen und Rötungen zu reduzieren sowie die Haut zu straffen und zu beleben. Lavendelöl kann auch bei der Behandlung von Akne helfen und das Auftreten von feinen Linien und Falten verringern.

Strahlend schön: Gesichtsmaske

Für dieses Rezept benötigt man:
- 1 Teelöffel Zitronensaft
- 1 Teelöffel Honig
- 1 Tropfen ätherisches Zitronenöl
- 1 Esslöffel Naturjoghurt

Anleitung:
1. Alle Zutaten in einer Schüssel mischen und auf das gereinigte Gesicht auftragen.
2. 10–15 Minuten einwirken lassen und anschließend mit warmem Wasser abspülen.
3. Diese Maske hilft bei verstopften Poren und hinterlässt die Haut strahlend und erfrischt.

Jungbrunnen: Anti-Aging-Gesichtsmaske

Für Rezept 1 benötigt man:

- 1 Esslöffel Avocadoöl
- 1 Tropfen ätherisches Zitronenöl
- 1 Teelöffel Honig

Oder Rezept 2:

- 1 Teelöffel Honig
- 1 Teelöffel Zitronensaft, frisch gepresst
- 1 Tropfen Zitronenöl
- 1 Teelöffel Natron

Anleitung:

1. Mische alle Zutaten, bis eine glatte Mischung entsteht.
2. Trage die Mischung auf das Gesicht auf und lasse sie 15–20 Minuten einwirken.
3. Spüle die Maske mit lauwarmem Wasser ab und trockne das Gesicht sanft ab.

Das Avocadoöl enthält viele Vitamine und Antioxidantien, die die Haut nähren und pflegen. Das ätherische Zitronenöl ist ein starkes Antioxidans, wirkt als natürliches Reinigungsmittel und klärt die Haut von Unreinheiten. Der Honig enthält antimikrobielle Eigenschaften und versorgt die Haut mit Feuchtigkeit und hält sie geschmeidig. Zusammen bilden diese Zutaten eine wunderbare Anti-Aging-Maske, die deine Haut erfrischen und verjüngen kann.

Beachte: Verwende die Maske mit Natron in Rezept 2 nicht öfter als einmal pro Woche, da Zitronensaft und Natron die Haut reizen könnten. Vermeide außerdem stets direktes Sonnenlicht nach der Verwendung der Zitronenölmaske und trage immer eine pflegende Gesichtscreme auf, um Schäden an der Haut zu vermeiden.

Klare Haut: Akne begegnet Zitronenmaske

Für dieses Rezept benötigt man:

- 2 Esslöffel grüne Tonerde
- 1 Esslöffel Zitronensaft
- 3 Tropfen ätherisches Zitronenöl
- 1 Esslöffel Wasser

Anleitung:

1. Alle Zutaten zu einer glatten Paste vermengen.
2. Auf das gereinigte Gesicht auftragen und 15–20 Minuten einwirken lassen.
3. Mit warmem Wasser abwaschen und anschließend eine Feuchtigkeitscreme auftragen.

Diese Maske ist besonders gut geeignet für Akne-anfällige Haut, da Zitronenöl antiseptische und adstringierende Eigenschaften besitzt, während grüne Tonerde und Zitronensaft helfen, überschüssiges Öl von der Haut zu entfernen.

Sanfte Pflege: Zitronen-Haferflocken-Gesichtsmaske nach Hildegard von Bingen

Für dieses Rezept benötigt man:

- 2 Esslöffel fein gemahlene Haferflocken
- Saft von ½ Zitrone
- 1 Teelöffel Honig
- 2 Tropfen ätherisches Zitronenöl

Anleitung:

1. Mische alle Zutaten zu einer Paste und trage die Maske auf das gereinigte Gesicht auf.
2. Lasse sie 10–15 Minuten einwirken, bevor du sie mit warmem Wasser abwäscht und dein Gesicht trocken tupfst.

Haferflocken sind reich an Antioxidantien und entzündungshemmenden Verbindungen, die die Haut beruhigen und schützen, abgestorbene Hautzellen entfernen und die Haut sanft peelen, was zu einem glatteren und strahlenderen Teint führt. Haferflocken spenden der Haut Feuchtigkeit, was sie zu einem idealen Bestandteil von Feuchtigkeitscremes und Masken macht.

Aromatische Auszeit: Gesichtsdampfbad

Für dieses Rezept benötigt man:

- 4 Tassen Wasser
- 10 Tropfen ätherisches Zitronenöl

Anleitung:

1. Erhitze das Wasser in einem Topf, bis es dampft.
2. Nimm es dann vom Herd und gib das Zitronenöl hinzu.
3. Lege ein Handtuch über deinen Kopf und halte dein Gesicht über den Dampf. Atme etwa 5–10 Minuten tief ein und aus.

Ein Gesichtsdampfbad mit Zitronenöl öffnet die Poren und fördert die Durchblutung der Haut. Der Dampf reinigt von Schmutz, überschüssigem Öl und abgestorbenen Hautzellen, was zu einem strahlenden Hautbild führt. Der warme Dampf mit Zitronenöl wirkt zudem beruhigend, entspannend und erfrischend.

Geschmeidige Lippen: Lippenbalsam mit Mandelöl

Für dieses Rezept benötigt man:

- 1 Teelöffel Bienenwachs
- 1 Teelöffel Kokosöl
- 1 Teelöffel Mandelöl (oder 1 Teelöffel Sheabutter)
- 5 Tropfen ätherisches Zitronenöl

Anleitung:

1. Erhitze Bienenwachs, Kokosöl und Mandelöl in einem Topf auf niedriger Stufe, bis alles geschmolzen ist.

2. Nimm es vom Herd, lass es ein wenig abkühlen und gib das Zitronenöl hinzu.
3. Gieße den Balsam in einen Behälter und lasse ihn abkühlen, bis er fest wird.
4. Verwende den Lippenbalsam, um deine Lippen weich und geschmeidig zu halten.

Mandelöl enthält viele Nährstoffe und Fettsäuren, die dazu beitragen, die Lippen zu pflegen und mit Feuchtigkeit zu versorgen, um raue, rissige und spröde Lippen geschmeidig und weich zu machen. Darüber hinaus hat Mandelöl einen angenehmen Duft und Geschmack, der den Lippenbalsam noch angenehmer macht.

Pflege von Kopf bis Fuß: Rezepte für ganzheitliche Körperpflege

---

Glatt und geschmeidig: Zitronenöl-Peeling

Für dieses Rezept benötigt man:

- 1 Tasse Zucker (brauner oder Kokoszucker) oder Meersalz
- ¼ Tasse Olivenöl
- 5–7 Tropfen ätherisches Zitronenöl

Anleitung:

1. Mische alle Zutaten zusammen und trage das Zitronenöl-Peeling auf die Haut auf.
2. Massiere die Mischung sanft ein, um abgestorbene Hautzellen zu entfernen. Spüle gründlich ab, zum Beispiel unter der Dusche.

Zu all den Vorteilen eines Peelings, wie unter anderem Durchblutung und Regeneration, kommt bei diesem Peeling noch die unterstützende Wirkung des reinigenden Zitronenöls und des schützenden Mandelöls gegen Umweltbelastungen (Umweltgifte, harsche Wetterbedingungen) dazu.

Hinweis: Zitronenöl ist photosensitiv und wird daher 24–48 Stunden vor direkter Sonneneinstrahlung und UV-Licht nicht verwendet.

Zarte Verwöhnung: Zitronenöl-Körperbutter

Für dieses Rezept benötigt man:

- ½ Tasse Sheabutter
- ¼ Tasse Kokosöl
- 10 Tropfen ätherisches Zitronenöl

Anleitung:

1. Sheabutter und Kokosöl in einem Topf auf niedriger Hitze schmelzen.
2. Vom Herd nehmen, etwas abkühlen lassen und das Zitronenöl hinzufügen.
3. Die Mischung in ein verschließbares Glas geben und in den Kühlschrank stellen, bis sie fest wird.

Diese Körperbutter ist reichhaltig und nährend für die Haut und hinterlässt einen angenehmen Zitrusduft.

Duftende Pflege: Zitronen-Kokosöl-Lotion

Für dieses Rezept benötigt man:

- ½ Tasse Kokosöl
- ½ Tasse Mandelöl
- 1 TL Bienenwachs
- 10–12 Tropfen ätherisches Zitronenöl

Anleitung:

1. Kokosöl, Mandelöl und Bienenwachs in einer Doppelkochpfanne schmelzen, bis alles gut vermischt ist.
2. Vom Herd nehmen, etwas abkühlen lassen und das ätherische Zitronenöl hinzufügen.
3. In ein verschließbares Glas füllen und im Kühlschrank aufbewahren.

Frischer Schutz: Zitronenöl-Deodorant

Für dieses Rezept benötigt man:

- 5–6 Esslöffel Kokosöl
- ¼ Tasse Natron
- ¼ Tasse Maisstärke
- 15 Tropfen ätherisches Zitronenöl
- Optional: 5 Tropfen Teebaumöl für eine zusätzliche antibakterielle Wirkung

Anleitung:

1. Zutaten mischen und die Mischung auftragen, um effektiv vor Gerüchen geschützt zu sein.

Hinweis: Bevor du diese oder andere Schönheitsrezepte mit Zitronenöl verwendest, solltest du sicherstellen, dass du nicht allergisch auf das Öl reagierst. Reduziere oder verdünne es gegebenenfalls, um Hautreizungen zu vermeiden.

Zitrus-Kühlung: Anti-Cellulite-Öl

Für dieses Rezept benötigt man:

- 10 Tropfen ätherisches Zitronenöl
- 2 Esslöffel Jojobaöl

Anleitung:

1. Die Zutaten mischen und die Mischung in die betroffenen Stellen einmassieren, um das Auftreten von Cellulite zu reduzieren.

Beachte, dass ätherische Öle sehr konzentriert sind und nicht unverdünnt auf die Haut aufgetragen werden sollten. Es wird empfohlen, ätherische Öle immer mit einem Trägeröl zu verdünnen, bevor du sie auf die Haut aufträgst.

Leichte Frische: Zitronenöl-Körperöl

Für dieses Rezept benötigt man:

- ¼ Tasse Jojobaöl
- 1 Esslöffel Traubenkernöl
- 5 Tropfen ätherisches Zitronenöl

Anleitung:

1. Mische alle Zutaten zusammen und trage das Körperöl auf deine Haut auf.
2. Massiere es sanft ein, um deine Haut mit Feuchtigkeit zu versorgen und ihr ein strahlendes Aussehen zu verleihen.

Neben Zitronenöl sind Jojobaöl und Traubenkernöl ideale Feuchtigkeitsspender, die schnell in die Haut einziehen, ohne die Poren zu verstopfen. Sie liefern Antioxidantien, die freie

Radikale in Schach halten und das Auftreten von feinen Linien und Falten reduzieren können. Dieses beliebte Körperöl besitzt zudem entzündungshemmende und hautregenerierende Eigenschaften.

Belebende Brise: Zitronenöl-Körperspray

Für dieses Rezept benötigt man:

- 1 Tasse Wasser
- 1 Esslöffel Wodka
- 10–15 Tropfen ätherisches Zitronenöl
- Sprühflasche (aus Glas)

Anleitung:

1. Wasser, Wodka und Zitronenöl in eine Sprühflasche füllen, gut schütteln und auf die Haut sprühen.

Strahlende Hände: Pflegetipps und Rezepte für schöne Hände

Trockene, rissige Hände: Pflegende Handcreme

Für dieses Rezept benötigt man:

- ½ Tasse Sheabutter
- ¼ Tasse Kokosöl
- 1 Esslöffel Jojobaöl
- 5–7 Tropfen ätherisches Zitronenöl

Anleitung:

1. Sheabutter und Kokosöl in einem Topf auf niedriger Hitze schmelzen lassen und vom Herd nehmen.

2. Das Jojobaöl und das Zitronenöl hinzufügen und gut unterrühren.
3. Die Mischung in ein Schraubglas füllen und im Kühlschrank lagern, bis sie fest wird.

Diese Handcreme ist besonders gut geeignet für trockene und rissige Hände, da Sheabutter und Kokosöl intensiv pflegen, während Jojobaöl und Zitronenöl Feuchtigkeit spenden und die Haut weich und geschmeidig machen.

Gepflegte, gesunde Nägel: Zitronenöl-Nagelöl

Für dieses Rezept benötigt man:

- 1 Esslöffel Jojobaöl
- 1 Esslöffel Mandelöl
- 3–5 Tropfen ätherisches Zitronenöl

Anleitung:

1. Die Öle vermengen und in eine kleine Flasche füllen.
2. Das Nagelöl auf die Nagelhaut und die Nägel auftragen und einmassieren.

Zitronenöl fördert das Wachstum gesunder Nägel, während Jojoba- und Mandelöl Feuchtigkeit spenden und die Nagelhaut pflegen.

Nagelölkur: Stärkendes Nagelöl

Für dieses Rezept benötigt man:

- 2 Tropfen ätherisches Zitronenöl
- 2 Tropfen ätherisches Lavendelöl
- 1 Esslöffel Mandelöl

Anleitung:

1. Die Zutaten mischen und die Mischung auf Nägel und Nagelhaut auftragen.
2. Zweimal täglich wiederholen.

Diese Nagelkur stärkt, nährt und pflegt trockene und brüchige Nägel.

Fest und stark: Natürlicher Nagelhärter

Für dieses Rezept benötigt man:

- 2 Tropfen ätherisches Zitronenöl
- 1 Teelöffel Olivenöl

Anleitung:

1. Zitronen- und Olivenöl mischen und die Mischung auf Nägel und Nagelhaut reiben.
2. Man wiederholt dies zweimal täglich, um die Nägel zu stärken und zu pflegen.

Zitronenöl mit seinen antiseptischen und antimikrobiellen Eigenschaften wirkt Infektionen und Pilzbefall an den Nägeln entgegen. Es kann die Nageloberfläche glätten und stärken, was dazu führt, dass die Nägel weniger brüchig werden.

Ein natürlicher Nagelhärter mit Zitronenöl ist außerdem frei von den schädlichen Chemikalien, die in vielen herkömmlichen Nagelhärtern zu finden sind, und ist somit eine gesunde Alternative für deine Nägel.

Zitronenöl-Nagellackentferner: Frei von Chemikalien

Für dieses Rezept benötigt man:

- ½ Zitrone
- 1 Tasse Essig
- 10 Tropfen ätherisches Zitronenöl

Anleitung:

1. Presse den Saft einer halben Zitrone in eine Schüssel und füge den Essig hinzu.
2. Gib das ätherische Zitronenöl dazu und rühre die Mischung gut um.
3. Um den Nagellack zu entfernen, tauche einen Wattebausch in die Lösung und behandle damit die Nägel, bis der Nagellack vollständig entfernt ist.

Beachte, dass dieser natürliche Nagellackentferner möglicherweise etwas länger als herkömmliche chemische Nagellackentferner braucht, um den Nagellack zu entfernen, aber er ist dafür frei von schädlichen Chemikalien und pflegt gleichzeitig die Nägel und die Nagelhaut.

Sanfte Pflege: Zitronen-Mandel-Handpeeling

Für dieses Rezept benötigt man:

- 1 Esslöffel Mandelöl
- 1 Esslöffel Honig
- 1 Esslöffel Zucker (brauner oder Kokoszucker)
- 3–4 Tropfen ätherisches Zitronenöl

Anleitung:

1. Für ein feuchtigkeitsspendendes Handpeeling mischt man alle Zutaten zusammen.
2. Trage die Mischung auf die Hände auf, um diese zu pflegen und zu beleben.
3. 10–15 Minuten einwirken lassen und danach mit warmem Wasser abspülen.
4. Mit einer feuchtigkeitsspendenden Handcreme eincremen.

So kannst du raue Hände ganz natürlich pflegen.

Jugendliche Hände: Zitronenöl gegen Altersflecken

Für dieses Rezept benötigt man:

- 1 Teelöffel Mandelöl
- 2 Tropfen ätherisches Zitronenöl

Anleitung:

1. Mische das Mandelöl und das ätherische Zitronenöl in einer kleinen Schüssel.
2. Massiere die Mischung sanft in die Haut deiner Hände ein, insbesondere auf die Stellen mit Altersflecken.
3. Lasse die Mischung mindestens 30 Minuten lang einwirken.

4. Spüle die Mischung mit lauwarmem Wasser ab und trockne deine Hände.
5. Wiederhole diese Behandlung zwei- bis dreimal pro Woche, um Altersflecken zu reduzieren.

! **Beachte** jedoch, dass es einige Zeit dauern kann, bis du Ergebnisse siehst. Wesentlich schneller wirst du sicherlich bemerken, wie weich und glatt deine Hände durch diese Behandlung werden.

Wie du vielleicht feststellst, kannst du mit einer einzigen Behandlung gleich mehrere Wirkungen erzielen, etwa eine gründliche Reinigung, eine Reparatur des Hautbildes, eine samtweiche Textur und ein aufgehelltes Gemüt durch den anhebenden Zitronenduft. Das ätherische Zitronenöl wirkt auf allen Seinsebenen gleichzeitig für dich.

Zitronenfrische Handcreme

Für dieses Rezept benötigt man:

- ½ Tasse Kokosöl
- 1 Esslöffel Bienenwachs
- 10 Tropfen ätherisches Zitronenöl

Anleitung:

1. Kokosöl in einem Topf erhitzen, bis es geschmolzen ist.
2. Bienenwachs hinzufügen und rühren, bis es geschmolzen ist.
3. Etwas auskühlen lassen, dann das ätherische Zitronenöl hinzufügen.
4. Die Mischung in ein Glas gießen und abkühlen lassen, bis sie fest wird.
5. Als Handcreme verwenden.

Strapazierte Hände: Zitronen-Honig-Handcreme

Für dieses Rezept benötigt man:

- ½ Tasse Kokosöl
- ¼ Tasse Bienenwachs
- ¼ Tasse Sheabutter
- 1 Teelöffel Honig
- 15 Tropfen ätherisches Zitronenöl

Anleitung:

1. Alle Zutaten außer das ätherische Öl in einem Glasbehälter im Wasserbad erhitzen, bis alles geschmolzen ist.
2. Abkühlen lassen, das ätherische Zitronenöl gut einrühren.
3. Die Handcreme auf die Hände auftragen, um sie weich und geschmeidig zu halten.

Diese sanfte Pflege ist wohltuend für strapazierte Hände!

Glänzendes Haar: Rezepte für gesunde Kopfhaut und Haare

Glanzvolles, gesundes Haar: Zitronenöl-Haarspülung

Für dieses Rezept benötigt man:

- 1 Tasse Wasser
- 1 Esslöffel Apfelessig
- 5 Tropfen ätherisches Zitronenöl

Anleitung:

1. Mische alle Zutaten und verwende diese Mischung als Haarspülung nach dem Waschen.
2. Lasse die Haarspülung für ein paar Minuten einwirken und spüle sie dann gründlich aus.

Eine Zitronenöl-Haarspülung fördert das Haarwachstum, reduziert Schuppen und beruhigt die Kopfhaut aufgrund der antibakteriellen und entzündungshemmenden Eigenschaften von Zitronenöl. Außerdem verleiht die Spülung Glanz und kann die natürliche Haarfarbe aufhellen. Und natürlich reinigt diese Zitronenöl-Haarspülung das Haar auch von Verunreinigungen und Produktrückständen.

Allround-Talent: Pflegemaske für Haut und Haar

Für dieses Rezept benötigt man:

- 2 Eigelb
- 3 Tropfen ätherisches Zitronenöl (oder den Saft von ½ Zitrone)
- 1 Teelöffel Olivenöl

Anleitung:

1. Die Zutaten gut mischen und diese Maske auf das feuchte Haar auftragen.
2. 20 Minuten einwirken lassen, dann ausspülen.

Eine pflegende Maske für Haut und Haar mit Zitronenöl bietet mehrere Vorteile: Zitronenöl hat feuchtigkeitsspendende Eigenschaften, wirkt aufhellend, beruhigend auf eine gereizte Kopfhaut, sowie reinigend. Es hat auch glättende und glänzende Eigenschaften, die das Haar glänzender und geschmeidiger aussehen lassen.

Seidiger Schimmer: Zitronenöl-Haarkur

Für dieses Rezept benötigt man:

- ½ Tasse Kokosöl
- 10 Tropfen ätherisches Zitronenöl

Anleitung:

1. Kokosöl und Zitronenöl in einer Schüssel mischen und anschließend sanft in die Kopfhaut und das Haar einmassieren.
2. Mindestens 30 Minuten einwirken lassen und dann mit Shampoo auswaschen.

Diese Haarkur hilft bei Schuppen und lässt das Haar glänzend und gesund aussehen.

Strahlende Haarpracht: Zitronenöl-Haarkur

Für dieses Rezept benötigt man:

- ¼ Tasse Olivenöl
- ¼ Tasse Kokosöl
- 10 Tropfen ätherisches Zitronenöl
- 2 Tropfen ätherisches Pfefferminzöl

Anleitung:

1. Alle Zutaten in einem Glasbehälter mischen und die Mischung in das Haar und die Kopfhaut massieren.
2. 30 Minuten einwirken lassen.
3. Mit Shampoo die Haare waschen.

Kaffeegeheimnis: Glanz-Haarmaske

Für dieses Rezept benötigt man:

- 2 Esslöffel Kaffeesatz
- 1 Esslöffel Zitronensaft
- 1 Tropfen ätherisches Zitronenöl
- 1 Esslöffel Honig

Anleitung:

- Mische alle Zutaten in einer Schüssel.
- Trage die Mischung auf das feuchte Haar auf und massiere sie sanft in die Kopfhaut ein.
- Lass die Haarkur etwa 20 Minuten einwirken.
- Spüle die Haare gründlich mit warmem Wasser aus und wasche sie wie gewohnt.

Diese Haarkur stärkt das Haar und verleiht ihm Glanz. Der Kaffeesatz entfernt abgestorbene Hautzellen und Schmutzpartikel aus dem Haar, während das Zitronenöl das Haar revitalisiert und ihm einen angenehmen Duft verleiht. Der Honig dient als natürlicher Conditioner und sorgt für eine weiche und glatte Haarstruktur.

Feuchtigkeitsspendender Zitronenöl-Haarspray

Für dieses Rezept benötigt man:

- 1 Tasse destilliertes Wasser
- 1–2 Teelöffel Zucker (brauner oder Kokoszucker)
- 5–10 Tropfen ätherisches Zitronenöl
- 1 Sprühflasche (aus Glas)

Anleitung:

1. Mische alle Zutaten in einer Sprühflasche.
2. Gut schütteln und als natürliches Haarspray verwenden.

Ein Vorteil von Zitronenöl-Haarspray ist, dass es das Haar aufhellt, wenn es der Sonne ausgesetzt wird. Es stärkt das Haar und verleiht ihm Glanz. Es entfernt Schuppen und überschüssiges Öl und reinigt das Haar sanft. Zitronenöl kann auch das Haarwachstum fördern und Haarausfall reduzieren, indem es die Kopfhaut nährt und die Durchblutung erhöht.

Ätherisches Zitronenöl nährt die Kopfhaut durch seine reinigenden Eigenschaften, entfernt überschüssiges Öl und Schmutz, fördert die Durchblutung für besseres Haarwachstum, bietet antioxidativen Schutz gegen Umweltschäden, hilft, den pH-Wert zu regulieren und wirkt beruhigend bei gereizter oder trockener Kopfhaut.

Natürlicher Halt: Zitronenöl-Haarfestiger

Für dieses Rezept benötigt man:

- 2 Teelöffel Gelatine
- 1 Tasse warmes Wasser
- 10 Tropfen ätherisches Zitronenöl
- 1 Sprühflasche (aus Glas)

Anleitung:

1. Löse die Gelatine in einer Tasse vollständig in kaltem und danach in warmem Wasser auf (zweistufiger Prozess).
2. Füge das ätherische Zitronenöl hinzu und rühre gut um.
3. Gieße die Mischung in eine Sprühflasche und lasse sie im Kühlschrank abkühlen.

4. Sprühe das Spray auf das Haar und style es wie gewünscht.

Gelatine enthält Kollagen, eine wichtige Substanz, die auch in menschlichem Haar vorkommt. Wenn Gelatine auf das Haar aufgetragen wird, kann das Kollagen in der Gelatine in das Haar eindringen und sich an die vorhandenen Proteine im Haar binden. Dadurch kann das Haar gestärkt und gefestigt werden, was dazu führt, dass es gesünder und glänzender aussieht. Allerdings sollte Gelatine keine langfristige Lösung für Haarprobleme sein.

Perfektes Haarstyling: Haargel

Für dieses Rezept benötigt man:

- 2 Teelöffel Leinsamen
- 1 Tasse Wasser
- 5–7 Tropfen ätherisches Zitronenöl
- 1 Sprühflasche (aus Glas) oder Tiegel

Anleitung:

1. Mische Leinsamen und Wasser in einem Topf und koche es auf mittlerer Hitze, bis es dick wird (ca. 5–10 Minuten).
2. Nimm den Topf vom Herd, lasse die Masse ein wenig auskühlen, dann filtere die Leinsamenreste mit einem feineren Sieb oder durch ein Tuch. Füge das ätherische Zitronenöl hinzu und rühre es gründlich ein. Füge etwas Wasser hinzu, falls das Gel zu dick ist.
3. Gieße das Gel in eine Sprühflasche oder in einen Tiegel und style das Haar damit wie gewünscht.

Leinsamengel neigt dazu, eine eher gelartige, viskose Konsistenz zu entwickeln, besonders wenn es durch Kochen verdickt wird. Dies macht es ideal für die Anwendung mit den Fingern oder einem Kamm. Zur Verwendung mit der Sprühflasche kann das Gel mit etwas Wasser verdünnt werden.

Lockenzauber: Pflege mit Zitronenöl

Für dieses Rezept benötigt man:

- 1 Tasse Wasser
- 1 Esslöffel Aloe-Vera-Gel
- 1 Teelöffel Jojobaöl
- 5–7 Tropfen ätherisches Zitronenöl
- 1 Sprühflasche (aus Glas)

Anleitung:

1. Mische das Wasser und das Aloe-Vera-Gel in einer Sprühflasche.
2. Füge das Jojobaöl und das ätherische Zitronenöl hinzu und schüttle die Flasche gut.
3. Vor jedem Gebrauch gut schütteln und auf das Haar sprühen, um es zu befeuchten.
4. Knete die Locken vorsichtig mit den Fingern, um sie zu formen.

Dieses Rezept kann dir helfen, deine Locken zu definieren und zu pflegen, während das ätherische Zitronenöl einen erfrischenden und belebenden Duft hinzufügt. Aloe Vera spendet zusätzlich Feuchtigkeit, wirkt beruhigend auf die Kopfhaut, fördert das Haarwachstum durch seine Enzymaktivität und bietet Schutz vor Schäden durch Sonne, Hitze und

Umweltverschmutzung, indem es eine Schutzschicht um das Haar bildet und so Schäden durch freie Radikale verhindert.

Strahlende Augen: Rezepte für die Augenpflege

Strahlender Blick: Erfrischende Zitronenöl-Augencreme

Für dieses Rezept benötigt man:

- 1 Teelöffel Kokosöl
- 1 Tropfen ätherisches Zitronenöl

Anleitung:
Die Zutaten mischen und diese Mischung sanft unter die Augen tupfen, um dunkle Ringe und Schwellungen zu reduzieren.

Schönheit: Zitronenöl-Augencreme

Für dieses Rezept benötigt man:

- 1 Esslöffel Kakaobutter
- 1 Esslöffel Sheabutter
- 1 Esslöffel Kokosöl
- 5 Tropfen ätherisches Zitronenöl

Anleitung:

1. Alle Zutaten außer dem ätherischen Zitronenöl in einer Glasschüssel im Wasserbad erhitzen, bis alles geschmolzen ist.
2. Etwas abkühlen lassen, das Zitronenöl gut unterrühren.
3. Die wohltemperierte Mischung für eine entspannende, näherende Augenpflege unter den Augen auftragen.

Sheabutter ist ein beliebter Bestandteil von kosmetischen Pflegeprodukten, denn sie wirkt feuchtigkeitsspendend, entzündungshemmend und beruhigt die Haut bei Rötungen. Ihre antioxidativen Eigenschaften schützen vor schädlichen freien Radikalen, und Sheabutter bildet eine Schutzbarriere, die die Haut vor äußeren Einflüssen wie Kälte, Wind und Sonne schützt. Besonders wohltuend wird sie rund um die Augenpartie empfunden, um kleine Fältchen mit ihren reichhaltigen Inhaltsstoffen (Vitamin E, Phenole und andere) zu pflegen.

Sanfte Ruhe: Beruhigendes Zitronenöl-Augenserum

Für dieses Rezept benötigt man:

- 1 Esslöffel Jojobaöl
- 2 Tropfen ätherisches Zitronenöl
- Glasbehälter

Anleitung:

1. Verrühre die Zutaten in einem Glasfläschchen oder einem Glasbehälter mit Schraubverschluss.
2. Vor Gebrauch gut schütteln.
3. Trage das Augenserum auf einen Wattebausch auf, bringe es sanft um die Augenpartie auf und klopfe behutsam ein, um feine Linien und Falten zu reduzieren.

Beachte, dass ätherische Öle sehr stark sind und immer mit einem Trägeröl verdünnt werden sollten, bevor sie auf die Haut aufgetragen werden. Kein ätherisches Öl in die Augen bringen. Falls es dennoch passiert, mit reinem Pflanzenöl (etwa das Speiseöl aus der Küche) spülen.

Optimale Mundpflege: Gesundheit beginnt im Mund

Gesunde Zahnpflege: Zahnpasta

Für dieses Rezept benötigt man:

- 2 Esslöffel Kokosöl
- 1 Esslöffel Backpulver
- 10–15 Tropfen ätherisches Zitronenöl
- Optional: 1 Teelöffel Xylit (Birkenzucker) für Geschmack und zusätzliche karieshemmende Wirkung

Anleitung:

1. Wenn das Kokosöl fest ist, erwärme es leicht, bis es eine geschmeidige Konsistenz hat. Es sollte nicht flüssig sein, sondern eher wie eine weiche Paste.
2. Füge das Backpulver und das Zitronenöl hinzu. Wenn du Xylit verwenden möchtest, füge es jetzt auch hinzu.

Rühre alles gründlich zusammen, bis eine gleichmäßige Mischung entsteht.

3. Lagerung: Bewahre die Zahnpasta in einem sauberen, kleinen Glas mit Deckel auf.

Anwendung: Verwende einen kleinen Spatel oder Löffel, um etwas Zahnpasta auf die Zahnbürste zu geben. Nicht direkt aus dem Behälter auf die Zahnbürste auftragen, um eine Kontamination zu vermeiden.

Xylit (Birkenzucker) ist effektiv in der Kariesprävention: Es reduziert die Säureproduktion im Mund, hemmt das Wachstum kariesverursachender Bakterien, neutralisiert den pH-Wert, unterstützt die Remineralisierung des Zahnschmelzes und verringert Plaquebildung. Wichtig ist allerdings, dass Xylit nur ein Teil einer umfassenden Mundhygiene ist und regelmäßige Zahnarztbesuche sowie eine ausgewogene Ernährung ergänzt.

Frischer Atem: Zitronen-Mundspülung

Für dieses Rezept benötigt man:

- ½ Tasse destilliertes Wasser
- 1 Teelöffel Natron
- 2 Tropfen ätherisches Zitronenöl
- 1 Tropfen ätherisches Pfefferminzöl

Anleitung:

1. Alle Zutaten in einem Glasbehälter mischen und als Mundwasser verwenden.

Beachte, dass ätherische Öle sehr konzentriert sind und immer verdünnt werden sollten. Jeder Mensch reagiert auf reine ätherische Öle anders. Was für den einen zu scharf ist, mag für einen anderen zu mild sein. Mische dein Mundwasser nach deinen Vorlieben und Bedürfnissen. Verwende auch ausschließlich hochwertige ätherische Öle, um beste Ergebnisse zu erzielen.

Verwandeln dein Bad in ein Spa: Die erstaunlichen Vorteile von Zitronenöl!

Aufmunterndes Badevergnügen: Zitronenöl-Badezusatz

Für dieses Rezept benötigt man:

- 5–10 Tropfen ätherisches Zitronenöl
- Emulgator (Badegel, Natron, Salz oder Sahne)

Anleitung:

1. Je nach Alter, Verträglichkeit und ob es ein Vollbad oder ein Sitzbad ist, gibt man entweder 10 oder 5 Tropfen Zitronenöl, emulgiert in Badegel, Natron, Salz oder Sahne dem Badewasser zu.
2. Der aufmunternde Zitrusduft erfrischt, transformiert trübe Gedanken in Freude und Zufriedenheit und unterstützt den Körper.
3. Das Zitronenöl kann auch helfen, abgestorbene Hautzellen zu entfernen und die Haut weich und geschmeidig zu machen.

Wellness für die Füße: Erfrischendes Zitronenöl-Fußbad

Für dieses Rezept benötigt man:

- Wasser
- 5–7 Tropfen ätherisches Zitronenöl
- 1 Esslöffel Emulgator (etwa Salz, Badegel oder Sahne)
- Fußbadewanne

Anleitung:

1. Lasse in eine Fußbadewanne warmes Wasser ein. Füge das Zitronenöl zum Emulgator hinzu, mische gut und verteile es im Wasser.
2. Bade die Füße mindestens 10–15 Minuten lang darin.

Vitalisierende Routine: Zitronenöl-Fußmassage

Für dieses Rezept benötigt man:

- 4–10 Tropfen ätherisches Zitronenöl
- Massageöl (nach Bedarf)

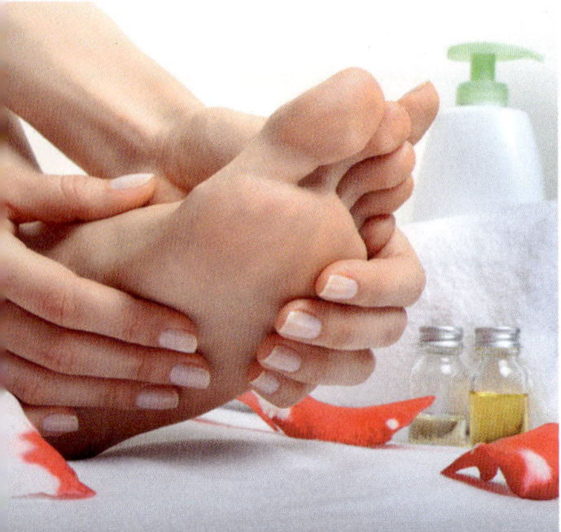

Anleitung:

1. Als morgendliches und/oder abendliches Pflegeritual Fußsohlen und Knöchel kräftig mit Zitronenöl einreiben.
2. Ein wunderbarer Zusatzeffekt ist, dass die Schweißproduktion der Füße davon profitiert und das Schuhwerk wunderbar duftet.

Sonnige Stimmung: Duftkerze

Hier ist noch ein Rezept, wie du deine eigene Duftkerzen herstellst. Vielleicht liebst du es auch, dein Bad im Kerzenschein zu genießen. Eine duftende Kerze löst Stress und lässt die Sorgen des Alltags vergessen. Der Duft beruhigt.

Zutaten für 1 Kerze:

- 1 Tasse Sojawachs
- 1 Docht
- 10 Tropfen ätherisches Zitronenöl
- 10 Tropfen ätherisches Lavendelöl

Anleitung:

1. Das Sojawachs schmelzen, ein wenig abkühlen lassen und ätherisches Zitronen- und Lavendelöl hinzufügen.
2. Die Duftmischung in ein Glas gießen, den Docht einfügen und trocknen lassen.

Wusstest du? Du kannst eine Kerze auch aus dem günstigeren Ceres-Kokosfett herstellen. Erweiche das Fett, fülle es in ein Glas und stecke eine Kerze in das Fett, sobald es etwas fest geworden, aber noch weich genug zum Einstecken einer Kerze ist. Ein ätherisches Öl sorgt für angenehmen Duft. Diese Kerzen brennen sehr lange und sind ein Bestandteil des Notfall-Vorrates für Krisenzeiten.

Aromatischer Sonnenschein: Zitronenöl im Diffuser

Für dieses Rezept benötigt man:

- 5 Tropfen ätherisches Zitronenöl
- 3 Tropfen ätherisches Lavendelöl
- 1 Tropfen ätherisches Pfefferminzöl
- 1 Kaltluft-Diffuser

Anleitung:

1. Gib die ätherischen Öle in den Aroma-Diffuser gemäß den Anweisungen des Herstellers.
2. Schalte den Aroma-Diffuser ein und genieße den erfrischenden Duft der Zitronenöl-Mischung in deinem Zuhause.

Hinweis: Stelle sicher, dass du hochwertige ätherische Öle verwendest und beachte die Sicherheitshinweise des Herstellers für einen Diffuser. Gib niemals ein fettes Öl (Pflanzenöl) in deinen Diffuser, um das Gerät nicht zu verstopfen. Verwende stets einen Kaltluft-Diffuser, denn ein aufgeheiztes ätherisches Öl verliert seine therapeutische Wirkung.

Energie und gute Laune: Badekugeln

Für dieses Rezept benötigt man:

- 1 Tasse Natron
- ½ Tasse Zitronensäure
- ½ Tasse Maisstärke
- ½ Tasse Epsom-Salz
- 2 Esslöffel Jojobaöl
- 15–20 Tropfen ätherisches Zitronenöl
- Lebensmittelfarbe (optional)
- Wasser in einer Sprühflasche

Anleitung:

1. In einer Schüssel alle trockenen Zutaten (Natron, Zitronensäure, Maisstärke und Epsom-Salz) gründlich mischen.
2. In einer separaten Schüssel Jojobaöl und ätherisches Zitronenöl vermengen.
3. Die Ölmischung langsam zu den trockenen Zutaten geben und gut verrühren, bis die Mischung die Konsistenz von feuchtem Sand hat.
4. Nach Belieben Lebensmittelfarbe hinzufügen und wieder gründlich vermengen.
5. Wasser in eine Sprühflasche füllen und die trockene Mischung langsam besprühen, dabei ständig rühren, bis sie feucht genug ist, um zusammenzukleben.
6. Die Mischung in Formen pressen und fest zusammendrücken.
7. Die Badekugeln etwa 24 Stunden lang an einem trockenen Ort aushärten lassen.
8. In der Badewanne Wasser einlaufen lassen und eine Badekugel ins Wasser geben, um ein sprudelndes, duftendes und entspannendes Badeerlebnis zu genießen.

Diese Badekugeln luftdicht aufbewahren und innerhalb von 1–2 Monaten verwenden.

Badespaß: Sonnenfrisches Badesalz

Für dieses Rezept benötigt man:

- 1 Tasse Epsom-Salz
- ½ Tasse Himalaya-Salz
- ½ Tasse Backpulver
- 10 Tropfen ätherisches Zitronenöl

Anleitung:

1. Mische alle Zutaten in einer Schüssel.
2. Gib die Mischung in das warme Badewasser und rühre gut um.
3. Genieße das Bad für mindestens 20 Minuten und entspanne dich.

Hinweis: Die empfohlene Dauer für ein Bad mit ätherischen Ölen beträgt im Allgemeinen etwa 20–30 Minuten. Diese Zeit reicht aus, um die Vorteile der ätherischen Öle zu genießen.

Entspannt baden: Zitronenöl-Badezusatz

Für dieses Rezept benötigt man:

- 1 Tasse Bittersalz
- ½ Tasse Backpulver
- 10 Tropfen ätherisches Zitronenöl
- 5 Tropfen ätherisches Lavendelöl

Anleitung:

1. Mische das Bittersalz und das Backpulver in einer Schüssel.
2. Füge die ätherischen Öle hinzu und rühre alles gut durch.
3. Gib die Mischung in das einlaufende Badewasser und rühre um, damit sich das Pulver gut auflöst.

4. Entspanne dich und genieße das Bad für 20–30 Minuten.

Diese entspannende Bademischung mit dem beruhigenden Duft baut Stress ab. Zitronenöl hat reinigende Eigenschaften, die dazu beitragen, die Haut zu klären und von Giftstoffen zu befreien. Der erfrischende und belebende Duft hebt zudem die Stimmung, entspannt Körper und Geist und fördert das Wohlbefinden.

Sauna-Vergnügen: Belebendes Zitronenöl

Für dieses Rezept benötigt man:

- 1 Liter kaltes Wasser
- 10 Tropfen Zitronenöl

Anleitung:

1. Erhitze das Wasser in einem Topf bis kurz vor dem Siedepunkt.
2. Gib das Zitronenöl in das kalte Wasser und rühre um.
3. Gieße die Mischung in die Saunakelle und gieße den Aufguss auf die heißen Steine in der Sauna.
4. Genieße den erfrischenden Duft von Zitronenöl und lasse dich von der belebenden Wirkung verzaubern.

Hinweis: Verwende nur ätherisches Zitronenöl von höchster Qualität, weil es durch das Einatmen über die Lungen direkt in den Körper gelangt. Die Anzahl der Tropfen richtet sich nach der Verträglichkeit (für Kinder genügen bereits 1–2 Tropfen).

IV.

Das ätherische Zitronenöl als duftende Haushaltshilfe

Grüne Reinigung: Zitronenöl in Reinigungsmitteln

Ätherisches Zitronenöl wird oft in Reinigungsmitteln verwendet, da es ein natürliches Desinfektionsmittel ist und Schmutz und Fett wirksam entfernt. Außerdem belohnt es mit einem herrlich erfrischenden und stimmungsaufhellenden Duft. Hier sind einige Beispiele für die Verwendung von Zitronenöl in Reinigungsmitteln:

Allzweck-Wunder: Reiniger mit Essig und Zitronenöl

Für dieses Rezept benötigt man:

- 6–10 Tropfen ätherisches Zitronenöl
- 2 Tassen Wasser
- 1 Tasse weißer Essig
- etwas Bio-Abwaschhilfe (optional)
- Sprühflasche (aus Glas)

Anleitung:
Zutaten in eine Sprühflasche füllen, gut mischen und als Allzweckreiniger für Küche, Bad und andere Bereiche verwenden.

Tipp: Nicht vergessen, ätherische Öle greifen Plastik an, so wie sie auch synthetisches Mikroplastik aus unserem Körper herauslösen und der Ausleitung zuführen würden. Daher verwendet man bei der Arbeit mit ätherischen Ölen immer Glasbehälter, keine Plastikflaschen und vermeidet es, ätherische Öle auf Plastik aufzutragen.

Hinweis: Bevor du Zitronenöl in einem Reinigungsrezept verwendest, stelle sicher, dass es für die Oberfläche, die du reinigen möchtest, geeignet ist und dass die Oberfläche keine Materialien enthält, die durch das Öl beschädigt werden könnten (etwa Marmor oder Naturstein). Mache vorsichtshalber einen Test an einer versteckten Stelle.

Kristallklar: Natürlicher Fensterreiniger

Für dieses Rezept benötigt man:

- Wasser in einer Sprühflasche (aus Glas)
- 10 Tropfen ätherisches Zitronenöl

Anleitung:

1. Zutaten in einer Glas-Sprühflasche mischen, vor Gebrauch gut schütteln und die Mischung auf die Fenster sprühen.
2. Mit einem sauberen Tuch oder Papierhandtuch abwischen.
3. Man kann dem Wasser auch ein wenig mildes Reinigungsmittel beimischen.

Wusstest du? Fenster, die mit ätherischem Zitronenöl gewaschen wurden, haben den Vorteil, dass lästige Fliegen nicht mehr an der Fensterscheibe sitzen und sie beschmutzen.

Sauber und Natürlich: Desinfizierender Bodenreiniger

Für dieses Rezept benötigt man:

- 1 Eimer Wasser
- 10 Tropfen ätherisches Zitronenöl
- Bio-Haushaltsreiniger (optional)

Anleitung:

1. Einem Eimer mit warmem Wasser das Zitronenöl hinzufügen und mit der duftenden Mischung die Böden wischen.
2. Diese Lösung wird verwendet, um Hartböden, Fliesen, Holzböden und Linoleum zu reinigen.

Einige Menschen schwören darauf, dass Zitronenöl im Vergleich zu anderen Reinigungsmitteln eine bessere Reinigungskraft hat und zudem den Boden auch angenehm duften lässt. Außerdem ist Zitronenöl ein natürliches und umweltfreundliches Reinigungsmittel, das keine schädlichen Chemikalien enthält und somit sicher für die Gesundheit und die Umwelt ist.

Schimmel ade: Natürlich und effektiv

Für dieses Rezept benötigt man:

- 20 Tropfen ätherisches Zitronenöl
- 1 Tasse Wasserstoffperoxid
- ½ Tasse weißer Essig
- Sprühflasche

Anleitung:

1. Zitronenöl mit Wasserstoffperoxid und weißem Essig in einer Sprühflasche mischen.
2. Diese Mischung auf den Schimmel sprühen, einige Minuten einwirken lassen und abwischen.

Wichtiger Hinweis: Schütze dich vor Schimmelsporen (Gummihandschuhe, Maske). Ist in deinem Zuhause ein gröberes Schimmelproblem, kontaktiere einen professionellen Schimmelbekämpfungs-Service, deiner Gesundheit zuliebe.

Wohlfühloase: Erfrischender Zitronenöl-Badreiniger

Für dieses Rezept benötigt man:

- 1 Tasse Natron
- 10 Tropfen ätherisches Zitronenöl
- ¼ Tasse weißer Essig

Anleitung:

1. Natron und Zitronenöl in einer Schüssel mischen.
2. Langsam den Essig hinzufügen und rühren, bis die Mischung eine Paste bildet.
3. Diese Paste wird dazu verwendet, um Badewannen, Waschbecken und Duschkabinen gründlich zu reinigen.

Ätherisches Zitronenöl, Natron und Essig sind sehr effektive und natürliche Reinigungsmittel, die oft in Kombination verwendet werden. Zitronenöl reinigt durch Kontakt und Duft, Natron hat eine abrasive Textur, um Schmutz und Flecken zu entfernen, während Essig aufgrund seines hohen Säuregehalts Kalkablagerungen und Fett lösen kann. Dieses Trio ist zum Beispiel auch beliebt zur Reinigung von Fliesenfugen oder verstopften Abflüssen.

Frische Brise: Desinfektionsspray fürs Badezimmer

Für dieses Rezept benötigt man:

- 5 Tropfen ätherisches Zitronenöl
- 4 Tropfen ätherisches Teebaumöl
- 3 Tropfen ätherisches Pfefferminzöl
- 1 Teelöffel weißer Essig
- 1 Tasse Wasser
- 1 Sprühflasche (aus Glas)

Anleitung:

1. Alle Zutaten in einer Glas-Sprühflasche mischen und gut schütteln.
2. Das Spray kann zum Reinigen von Oberflächen in Küche und Badezimmer verwendet werden.

Teebaumöl kann – neben ätherischem Zitronen- und Pfefferminzöl – aufgrund seiner besonderen Eigenschaften als natürliches Desinfektionsmittel dienen. Neben seiner Reinigungskraft ist das Öl auch als natürlicher Geruchsentferner in Schuhen, auf Teppichen und Möbeln wirksam.

Kalklöser mit der Kraft von Zitronenöl und Essig

Für dieses Rezept benötigt man:

- 1 Tasse Wasser (Sprühflasche)
- 1 Tasse weißer Essig
- 20 Tropfen ätherisches Zitronenöl

Anleitung:

1. Wasser, Essig und ätherisches Zitronenöl in einer Glas-Sprühflasche mischen.
2. Die Lösung wird auf Kalkablagerungen in der Dusche oder Badewanne gesprüht.
3. Man lässt die Mischung einige Minuten einwirken und spült sie dann ab.

Hinweis: Achte darauf, dass Essig aufgrund seines sauren pH-Wertes nicht auf empfindlichen Oberflächen wie Marmor oder Naturstein verwendet wird.

Glänzend rein: Natürlicher Kalkentferner mit Backpulver

Für dieses Rezept benötigt man:

- 8–10 Tropfen ätherisches Zitronenöl
- etwas Wasser oder Zitronensaft
- 1 Tasse Backpulver

Anleitung:

1. Zur Entfernung von Kalkablagerungen mischt man etwas Wasser oder Zitronensaft sowie Zitronenöl mit Backpulver, bis eine dicke Paste entsteht.
2. Diese Paste trägt man auf Kalkablagerungen in der Dusche, Badewanne oder Spüle auf und lässt sie für einige Minuten einwirken, bevor man sie mit Wasser abspült.

Backpulver kann als Kalkentferner verwendet werden, da es basisch ist und daher den sauren Kalk lösen kann. Es ist natürlich und umweltfreundlich und schonender für empfindliche Oberflächen.

Edler Glanz: Edelstahlreiniger

Für dieses Rezept benötigt man:

- 1 Tasse Wasser
- 1 Tasse Essig
- 10 Tropfen ätherisches Zitronenöl
- Sprühflasche (aus Glas)

Anleitung:

1. Zutaten in einer Sprühflasche mischen und vor Gebrauch gut schütteln.
2. Die Lösung auf Edelstahlflächen wie Spülen, Kühlschränke und Backöfen sprühen und mit einem Tuch glänzend wischen.

Tipp: Zur Reinigung von Edelstahl verwende Mikrofasertücher oder weiche Tücher, um Kratzer zu vermeiden. Wische die Oberfläche in Richtung der Körnung des Edelstahls, um ein gleichmäßiges Erscheinungsbild zu erzielen. Wasserflecken auf einer Oberfläche können mit Essig oder Zitronenwasser entfernt werden.

Strahlend sauber: Kühlschrankreiniger mit der Kraft von Essig und Zitronenöl

Für dieses Rezept benötigt man:

- 2 Tassen Wasser
- 2 Esslöffel weißer Essig
- 8–10 Tropfen ätherisches Zitronenöl
- Sprühflasche (aus Glas)

Anleitung:

1. Wasser, Essig und ätherisches Zitronenöl in einer Sprühflasche mischen.
2. Die Lösung in den Kühlschrank sprühen und mit einem sauberen Tuch trocken wischen.

Essig hat aufgrund seiner sauren Eigenschaften eine starke Reinigungskraft. Er wirkt antibakteriell und kann auch gegen Schimmel und Gerüche helfen. Darüber hinaus ist Essig umweltfreundlicher als herkömmliche chemische Reinigungsmittel, da er biologisch abbaubar und nicht schädlich für die Umwelt ist.

Duftend frisch: Kühlschrank-Deodorizer

Für dieses Rezept benötigt man:

- 10 Tropfen ätherisches Zitronenöl
- 1 Tasse Natron

Anleitung:

- Zitronenöl in das Natronpulver tropfen.
- Die Tasse offen in den Kühlschrank stellen, um Gerüche zu neutralisieren.

- Kann jederzeit mit mehr ätherischem Zitronenöl aufgefrischt werden.

Natron ist eine umweltfreundliche Alternative zu herkömmlichen Reinigungsmitteln. Durch seine Eigenschaft, Gerüche zu neutralisieren, ist es, zusammen mit dem ätherischen Zitronenöl, als Deodorizer für Kühlschränke oder Mülltonnen bestens geeignet.

Fleckenfrei: Zitronenöl gegen hartnäckige Flecken

Für dieses Rezept benötigt man:

- ¼ Tasse Backpulver
- ¼ Tasse Zitronensaft
- 10 Tropfen ätherisches Zitronenöl

Anleitung:

1. Alle Zutaten zu einer Paste verrühren und auf die Flecken auftragen.
2. Über Nacht einwirken lassen und dann abspülen bzw. abwischen.

Tipp: Zitronenöl ist ein effektiver Fleckentferner, da es eine natürliche Reinigungskraft besitzt und Fett und Schmutz wirkungsvoll lösen kann. Willst du einen Fleck mit Zitronenöl entfernen, teste gegebenenfalls zuerst an einer unauffälligen Stelle, damit das Zitronenöl nicht seinerseits einen Fleck auf empfindlichen Materialien hinterlässt. Verwende kein ätherisches Öl auf Plastik!

Freie Abflüsse: Zitronenöl und Essig-Lösung

Für dieses Rezept benötigt man:

- ½ Tasse Backpulver
- ½ Tasse weißer Essig
- 10 Tropfen ätherisches Zitronenöl

Anleitung:

1. Gieße das Backpulver in den Abfluss.
2. Gieße dann langsam den Essig hinterher.
3. Lasse alles 5–10 Minuten lang einwirken und spüle mit heißem Wasser nach.
4. Zum Schluss tropfe 10 Tropfen Zitronenöl hinein, um den Abfluss zu erfrischen.

Natürliche Abflussreiniger haben viele Vorteile für die Umwelt im Vergleich zu chemischen Abflussreinigern. Zum einen enthalten sie keine schädlichen Chemikalien, die in die Umwelt gelangen und die Wasserqualität beeinträchtigen können. Zum anderen sind natürliche Abflussreiniger biologisch abbaubar und schonend für die Umwelt.

Möbelglanz: Umweltfreundlicher Reiniger

Für dieses Rezept benötigt man:

- Sprühflasche
- Mildes Reinigungsmittel
- Ätherisches Zitronenöl
- Wasser

Anleitung:

1. In eine Sprühflasche gibt man einen Spritzer Reinigungsmittel, einige Tropfen Zitronenöl und füllt mit Wasser auf.
2. Schüttle die Flasche kräftig und sprühe die Lösung auf Möbel (Tische, Regale oder Holztüren). Die Lösung wird mit einem sauberen Tuch abgewischt.

Hinweis: Beachte jedoch, dass ätherische Öle sehr stark wirksam sind und bei der Verwendung in Reinigungsmitteln immer in Maßen verwendet werden sollten.

Natürliche Holzpflege: Duftende Zitronenöl-Politur

Für dieses Rezept benötigt man:

- ¼ Tasse Olivenöl
- ¼ Tasse weißer Essig
- 10 Tropfen ätherisches Zitronenöl
- 10 Tropfen ätherisches Zedernholzöl
- Sprühflasche (aus Glas)

Anleitung:

1. Alle Zutaten in einer Sprühflasche mischen. Vor jedem Gebrauch gut schütteln.
2. Die Möbelpolitur auf Holzmöbel sprühen und mit einem sauberen Tuch polieren.

Ätherisches Zitronenöl wie auch Zedernholzöl sind eine gute Wahl für die Pflege von Holzoberflächen. Die Öle haben desinfizierende Eigenschaften, befeuchten das Holz und können vor Rissen schützen. Diese gesunde Holzpflege sorgt zudem für einen gesunden und angenehmen Raumduft.

Natürliche Reinigungskraft für die Geschirrspülmaschine

Hier ist ein einfaches Rezept zum Selbermachen für ein Geschirrspülmittel mit ätherischem Zitronenöl:

Für dieses Rezept benötigt man:

- 1 Tasse Waschsoda
- 1 Tasse Natron
- ½ Tasse Zitronensäure
- ½ Tasse grobes Salz
- 15–20 Tropfen ätherisches Zitronenöl

Anleitung:

1. Mische alle trockenen Zutaten in einer Schüssel.
2. Füge das ätherische Zitronenöl hinzu und rühre gut um.
3. Bewahre die Mischung in einem luftdichten Behälter auf.
4. Verwende 1–2 Esslöffel pro Spülgang in der Geschirrspülmaschine.

Das ätherische Zitronenöl hilft nicht nur dabei, Fett und Schmutz von deinem Geschirr zu entfernen, sondern hinterlässt auch einen angenehmen Zitrusduft.

Zitronenfrische Wäsche: Waschpulver

Stelle dein eigenes Zitronenöl-Waschpulver zum Wäschewaschen her! So geht es:

Für dieses Rezept benötigt man:

- 1 Tasse Backpulver
- 1 Tasse Waschsoda

- ½ Tasse grobes Meersalz
- 15 Tropfen ätherisches Zitronenöl
- Verschließbarer Behälter

Anleitung:

1. Mische alle trockenen Zutaten in einer Schüssel.
2. Füge das ätherische Zitronenöl hinzu und rühre alles gut um, damit das Öl sich gleichmäßig verteilt.
3. Gib 1–2 Esslöffel der Mischung in das Waschmittelfach deiner Waschmaschine.
4. Wasche die Kleidung wie gewohnt.
5. Das ätherische Zitronenöl verleiht der Kleidung einen angenehmen frischen Duft und wirkt auch als natürliches Desinfektionsmittel.

Backpulver neutralisiert Gerüche und entfernt sanft Flecken, während Waschsoda effektiver gegen Fett und hartnäckige Flecken wirkt und die Reinigungskraft durch Anheben des pH-Werts steigert. Grobes Meersalz entfernt Flecken mechanisch und enthärtet Wasser, wodurch die Effizienz verbessert wird. Ätherisches Zitronenöl desinfiziert, erfrischt und hilft beim Fleckenlösen.

Saubere Wäsche, frischer Duft: Flüssiges Waschmittel

Verwendest du lieber ein flüssiges Waschmittel zum Wäschewaschen, das man mit ätherischem Zitronenöl selbst herstellen kann? Hier ist ein einfaches Rezept:

Für dieses Rezept benötigt man:

- 1 Teil Waschsoda

- 1 Teil Natron
- 1 Teil geriebene Kernseife
- ¼ Tasse ätherisches Zitronenöl

Anleitung:

1. Mische das Waschsoda, das Natron und die geriebene Kernseife in einer Schüssel.
2. Füge das ätherische Zitronenöl hinzu und rühre alles gut um.
3. Bewahre das Waschmittel in einem verschließbaren Behälter auf.
4. Verwende etwa 2–3 Esslöffel pro Waschgang, abhängig von der Größe der Ladung und der Härte des Wassers.

Das ätherische Zitronenöl verleiht dem Waschmittel nicht nur einen angenehmen Duft, sondern hat auch desinfizierende und antimikrobielle Eigenschaften, die Bakterien und Gerüche neutralisieren.

Reine Raumluft: Zitronenöl als effektiver Luftreiniger

Hier ist ein einfaches Rezept für einen Raumluftreiniger mit ätherischem Zitronenöl, mit dem du mittels einer Sprühflasche den Raum desinfizieren kannst, ganz ohne elektrisches Gerät.

Für dieses Rezept benötigt man:

- 1 Teelöffel Natron
- 10 Tropfen ätherisches Zitronenöl
- 250 ml Wasser
- Sprühflasche (aus Glas)

Anleitung:

1. Mische das Natron und das ätherische Zitronenöl in einer Schüssel.
2. Gib das Wasser hinzu und rühre gut um, bis sich das Natron aufgelöst hat.
3. Gieße die Mischung in eine Sprühflasche.
4. Vor jedem Gebrauch gut schütteln und in den Raum sprühen.

Das ätherische Zitronenöl wirkt als natürliches Desinfektionsmittel und sorgt für einen erfrischenden Zitrusduft im Raum. Das Natron neutralisiert zusätzlich unangenehme Gerüche.

Belebende Aromen: Zitronenöl-Duftmischung für den Diffuser

Für dieses Rezept benötigt man:

- 4 Tropfen ätherisches Zitronenöl
- 2 Tropfen ätherisches Rosmarinöl
- 2 Tropfen ätherisches Pfefferminzöl
- Aroma-Diffuser (Kaltluft-Diffuser)

Anleitung:

1. Gib diese Ölmischung in einen Aroma-Diffuser, um für einen energetisierenden Duft im Raum zu sorgen.

Zitronenöl ist bekannt für seine aufmunternde Wirkung, Rosmarinöl fördert die Konzentration und Pfefferminzöl wirkt erfrischend und stimulierend. Zusammen sind diese drei Düfte ein unschlagbares Team für Frische und Energie.

Hinweis: Ein Kaltluft-Diffuser erhitzt die ätherischen Öle nicht. Das Erhitzen bewirkt, dass die bioaktiven Kräfte der ätherischen Öle stark beeinträchtigt werden oder ganz verloren gehen.

Zitronen-Weihrauch-Spray: Natürliche Raumfrische

Für dieses Rezept benötigt man:

- ½ Tasse Wasser
- ½ Tasse Wodka
- 20 Tropfen ätherisches Zitronenöl
- 10 Tropfen ätherisches Weihrauchöl
- Sprühflasche (aus Glas)

Anleitung:

1. Alle Zutaten in eine Sprühflasche geben und gut schütteln.
2. Als Raumspray verwenden.

Hinweis: Bitte beachte, dass diese Rezepte nur zur Verwendung mit hochwertigen ätherischen Ölen bestimmt sind und sich nicht für den Einsatz mit minderwertigen oder synthetischen Ölen eignen. Die hochwirksamen ätherischen Öle, wie das Zitronenöl, reinigen die Atemluft von krank machenden Keimen und synthetischen Schadstoffen und filtern sogar Schwermetalle aus der Luft.

Duftende Wäscheschrank-Pflege mit Zitronenöl

Für dieses Rezept benötigt man:

- 5–10 Tropfen ätherisches Zitronenöl
- Ein Stück Stoff, Zellstoff oder Wattebausch

Anleitung:

1. Tropfe das Zitronenöl auf den Stoff, einen Wattebausch oder ein Stück Zellstoff.
2. Lege es in den Wäscheschrank auf oder zwischen Wäschestücke.

Das ätherische Zitronenöl wird seine erfrischende Duftnote verbreiten und gleichzeitig die Schränke und Kleidungsstücke von unangenehmen Gerüchen befreien. Es ist zudem ein natürliches Mittel gegen Motten.

Hinweis: Das Zitronenöl kann auch mit anderen ätherischen Ölen wie Lavendel- oder Pfefferminzöl gemischt werden, um individuelle Duftnoten zu erzielen.

V.

Ätherisches Zitronenöl in der Aromaküche

Küchenzauber mit Zitronenöl

Ätherisches Zitronenöl ist ein »Standardgewürz« in der Aromaküche und kann auf verschiedene Arten verwendet werden. Hier sind einige Möglichkeiten:

- **Zum Verfeinern von Salaten:** Ein paar Tropfen ätherisches Zitronenöl können in Salatdressings verwendet werden, um einen erfrischenden Zitrusgeschmack zu kreieren.
- **Zum Aromatisieren von Getränken:** Ein paar Tropfen Zitronenöl in Wasser, Tee oder Limonade gemischt, erfreuen mit einem unerwartet erfrischenden Zitrusgeschmack.
- **Zum Aromatisieren von Backwaren:** Ein paar Tropfen ätherisches Zitronenöl in Kuchen, Keksen oder anderen Backwaren ergeben einen unvergesslichen Zitronengeschmack.
- **Zum Würzen von Speisen:** Ein paar Tropfen Zitronenöl verleihen einfachen Suppen, Saucen oder anderen Speisen die extra Geschmacksnote, die aus einem gewöhnlichen Gericht ein außergewöhnliches macht.
- **Zum Einlegen von Gemüse:** Ein paar Tropfen Zitronenöl werden zu Essig und Öl gegeben, um Gemüse wie Gurken oder Zucchini einzulegen. Das ätherische Öl sorgt für Aroma und verlängert zudem die Haltbarkeit.

Tipp: Verwende ätherisches Zitronenöl sparsam, da es sehr konzentriert ist. Ein einziger Tropfen genügt meistens, manchmal sogar nur ein halber Tropfen. Für einen halben Tropfen, stecke einen Zahnstocher in die Flaschenöffnung und rühre das dem Zahnstocher anhaftende Zitronenöl in die Speisen ein. Das Zitronenöl muss von hoher Qualität sein und als Lebensmittelqualität (Nahrungsergänzung) am Fläschchen ausgewiesen sein.

Meisterhafte Rezepte: Entdecke das Geheimnis ätherischen Zitronenöls

Mediterranes Highlight: Garnelen in Zitronen-Knoblauch-Sauce

Zutaten:

- 500 g Garnelen
- 2 Esslöffel Olivenöl
- 2 gehackte Knoblauchzehen
- Saft und Schale von 1 Biozitrone
- Salz und Pfeffer nach Geschmack
- 2 Tropfen ätherisches Zitronenöl

Zubereitung:

1. Garnelen in einer Pfanne im heißen Olivenöl mit Knoblauch anbraten, bis die Garnelen eine rosa Farbe haben.
2. Zitronensaft, Zitronenschale und Salz und Pfeffer hinzufügen und weitere 2–3 Minuten braten.
3. Zuletzt das ätherische Zitronenöl in die Sauce einführen und die Garnelen mit Reis oder Salat servieren.

Tipp: Lasse Garnelen nicht zu lange braten, da sie schnell zäh und gummiartig werden können.

Backfreude: Selbst gebackene Zitronen-Mandel-Kekse

Zutaten:

- 100 g weiche Butter
- 100 g Zucker (oder weniger nach Geschmack)
- 1 Ei
- 150 g Mehl
- 100 g gemahlene Mandeln
- 1 Teelöffel Backpulver
- 5 Tropfen ätherisches Zitronenöl (nach Geschmack)

Zubereitung:

1. Butter, Zucker und Ei verrühren. Mehl, Mandeln und Backpulver mischen und nach und nach unterarbeiten, bis ein glatter Teig entsteht. Zitronenöl unterrühren.
2. Den Teig zu kleinen Kugeln formen und diese auf ein mit Backpapier begelegtes Backblech setzen.
3. Die Kugeln mit einer Gabel flach drücken.
4. Im vorgeheizten Backofen bei 180 °C Ober-/Unterhitze ca. 10–12 Minuten backen, bis sie goldbraun sind.
5. Aus dem Ofen nehmen und abkühlen lassen.

Wusstest du? Johann Wolfgang von Goethe soll ein großer Liebhaber von Zitronenöl gewesen sein. Es wird erzählt, dass Goethe immer eine Flasche Zitronenöl bei sich hatte, um damit sein Wasser zu aromatisieren. Als er auf einer Reise einmal vergaß, das Öl mitzunehmen, soll er bitterlich darüber geklagt und sogar eine Kutsche zurückgeschickt haben, um es nachzuholen. Wer das ätherische Zitronenöl kennt, der würde mit Goethe sagen: »Ohne Zitronenöl kann ich nicht leben.«

Energieschub: Zitronenöl-Tonic

Zutaten:

- 1 Tropfen ätherisches Zitronenöl
- 1 Tropfen ätherisches Rosmarinöl
- 1 Tropfen ätherisches Pfefferminzöl
- 1 Teelöffel Honig
- 1 Tasse Wasser

Zubereitung:

1. Die ätherischen Öle und den Honig in eine Tasse geben und mit heißem Wasser aufgießen. Umrühren und trinken.

Honig kann eine gute Quelle für Energie sein. Er enthält Zucker, insbesondere Fruktose und Glukose, die schnell in Energie umgewandelt werden können. Darüber hinaus liefert Honig auch einige Vitamine und Mineralien, die ebenfalls zur Energiegewinnung beitragen können. Allerdings sollte Honig in Maßen genossen werden.

Frisches Dressing: Zitronen-Kräuter-Vinaigrette

Zutaten:

- 3 Esslöffel Olivenöl
- 2 Esslöffel Zitronensaft
- 1 Teelöffel Honig
- 1 Teelöffel Dijonsenf
- 1 gehackte Knoblauchzehe
- 1 Prise Salz
- 1 Tropfen ätherisches Zitronenöl
- 1 Teelöffel gehackter frischer Thymian

Zubereitung:
1. Alle Zutaten in ein Glas mit Deckel geben und kräftig schütteln, bis sie gut vermengt sind.
2. Das Dressing über einen Salat oder als Dip für Gemüse servieren.

Wusstest du? Diese Überlieferung stammt aus dem alten Rom, als Salz noch eine wertvolle Handelsware war. Es wird berichtet, dass römische Soldaten teilweise mit Salz bezahlt wurden, was zur Entstehung des Begriffs »Salär« führte. Auch der Begriff »Salzstreuer« hat seinen Ursprung im alten Rom, wo Salz auf Tische gestreut wurde, um böse Geister abzuwehren und den Gästen Glück zu bringen.

Zitrusfrisch: Zitronen-Dill-Salatdressing

Zutaten:
- ¼ Tasse Olivenöl
- ¼ Tasse Zitronensaft
- 1 Teelöffel Honig
- 1 Teelöffel Dijonsenf
- 1 Teelöffel gehackter frischer Dill
- 1 Prise Salz
- 2 Tropfen ätherisches Zitronenöl

Zubereitung:
1. Alle Zutaten in eine Schüssel geben und gut mischen.
2. Passt perfekt zu grünen Salaten.

Wusstest du? Dill galt in der Antike als Symbol für Wohlstand und Reichtum. So soll der griechische Philosoph Pythagoras seine Schüler dazu aufgefordert haben, Dill in ihren Gärten anzubauen, um finanziellen Erfolg zu erzielen. In der römischen Mythologie wird Dill mit der Göttin Venus in Verbindung gebracht, da er der Sage nach aus ihren Tränen entstanden sein soll. Heute wird Dill vor allem als Gewürz- und Heilpflanze geschätzt.

Südländischer Genuss: Zitronen-Avocado-Salat

Zutaten:

- 2–3 Esslöffel Olivenöl
- 2 Tassen Babyspinat
- 1 gehackte Avocado
- 1 gehackte Tomate
- ¼ Tasse gehackte Mandeln
- Saft von ½ Zitrone
- 2 Tropfen Zitronenöl
- 1 Prise Meersalz

Zubereitung:

1. Babyspinat, Avocado und Tomate sowie die gehackten Mandeln in eine Schüssel geben und den Zitronensaft untermengen.
2. Ätherisches Zitronenöl und Meersalz verrühren und als Marinade über den Salat geben. Die Zutaten gut vermengen.
3. Lass den Salat ein wenig ziehen, bevor du ihn servierst.

Wusstest du? Mandeln sind reich an Vitamin E, Magnesium, Ballaststoffen und ungesättigten Fettsäuren und sind eine gute Proteinquelle (Muskelaufbau). »Der schlafende Prophet« Edgar Cacey soll dazu geraten haben, für seine Gesundheit täglich eine Mandel zu essen.

Aromaküche: Selbst gemachtes Zitronen-Kräuteröl

Zutaten:

- 1 Tasse Olivenöl
- Saft von 2 Zitronen
- 1 Esslöffel getrockneter Rosmarin (oder 1 Tropfen ätherisches Rosmarinöl)
- 1 Esslöffel getrockneter Thymian (oder 1 Tropfen Thymianöl)
- 3 Tropfen ätherisches Zitronenöl

Zubereitung:

1. Man erwärmt alle Zutaten außer den ätherischen Ölen in einem Topf auf niedriger Stufe, bis die Kräuter duften und das Öl aromatisiert ist.
2. Etwas abkühlen lassen, das Öl durch ein Sieb gießen, die ätherischen Öle zufügen und in einer verschließbaren Glasflasche aufbewahren.

Tipp: Das Zitronen-Kräuteröl kann als Dressing für Salate oder zum Würzen von Gemüse und Fleisch verwendet werden.

Schnell und lecker: Zitronen-Pfeffer-Sauce

Zutaten:

- 2 Esslöffel Olivenöl
- 1 gehackte Knoblauchzehe
- 1 Tasse Hühnerbrühe
- Saft von ½ Zitrone
- 1 Teelöffel frisch gemahlener schwarzer Pfeffer
- 1 Prise Salz
- 1 Tropfen ätherisches Zitronenöl

Zubereitung:

1. Das Olivenöl in einer Pfanne erhitzen, die gehackte Knoblauchzehe hinzufügen und 1 Minute darin anbraten.
2. Restliche Zutaten (außer dem ätherischen Zitronenöl) in die Pfanne geben und das Ganze in 5–7 Minuten zu einer Sauce einköcheln, sie sollte dicklich sein.
3. Zuletzt wird das ätherische Zitronenöl untergerührt.

Tipp: Ätherische Öle werden möglichst nicht mitgekocht, sondern erst vor dem Servieren in die Speisen eingerührt, um die wertvollen Wirkstoffe zu bewahren. Wird das ätherische Zitronenöl bei Kuchen und Keksen dennoch mitgebacken, dann mag es vielleicht einige der wertvollen Bestandteile durch den Backvorgang verlieren, aber dafür schmeckt das Gebackene köstlich zitronenfrisch.

Würziger Alleskönner: Zitronen-Kräutersalz

Zutaten:

- ¼ Tasse Meersalz
- 1 Esslöffel getrocknete Kräuter (Thymian, Rosmarin und Oregano)
- 3 Tropfen ätherisches Zitronenöl

Zubereitung:

1. Die Zutaten werden sorgfältig vermischt und in einem verschließbaren Glas aufbewahrt.
2. Das Kräutersalz wird als Gewürz für Fleisch, Fisch und Gemüse verwendet.

Tipp: Du kannst auch frische Kräuter verwenden. Hacke diese fein und lasse sie an der Luft trocknen, bevor du sie im Mörser vermahlst. Zusätzlicher Vorteil: Du kannst dein Kräutersalz jederzeit mit einem ätherischen Öl »auffrischen«.

Duftender Dip: Zitronen-Koriander-Creme

Zutaten:

- ½ Tasse Joghurt
- 1 Esslöffel Zitronensaft
- 1–2 Tropfen ätherisches Zitronenöl
- 1 Tropfen ätherisches Korianderöl oder 1 Handvoll gehackter Koriander
- Wahlweise eine Knoblauchzehe

Zubereitung:

1. Alle Zutaten verrühren und den Dip als Beilage zu Gemüse, Fleisch oder Brot reichen.

Wusstest du? Nicht jeder Mensch mag Koriander. Das ist auf eine genetische Veranlagung zurückzuführen. Andere lieben Koriander für seinen einzigartigen Geschmack und Duft, der oft als zitrusartig und würzig mit einem Hauch von Süße beschrieben wird.

Wusstest du? Du kannst den starken Knoblauchgeruch auf natürliche Art und Weise neutralisieren. Knoblauch ist reich an Antioxidantien und sehr gesund, aber der Knoblauchgeruch aus dem Mund ist oft störend. Um den Knoblauchgeruch zu neutralisieren, kaue nach einer Knoblauch-Mahlzeit frische Petersilie oder nimm einen Tropfen ätherisches Petersil- oder Pfefferminzöl in den Mund.

Zitronen-Ingwer-Eistee: Ein sommerlicher Frischekick

Zutaten:

- 6 Tassen Wasser
- 2 Teebeutel grüner Tee
- 1 Biozitrone, in Scheiben geschnitten
- 1 Ingwerwurzel, geschält und in Scheiben geschnitten (oder 1 Tropfen Ingweröl)
- 2 Tropfen ätherisches Zitronenöl
- Honig nach Geschmack

Zubereitung:

1. Das Wasser in einem Topf zum Kochen bringen und die Teebeutel hinzufügen.
2. Den Topf vom Herd nehmen und 5 Minuten ziehen lassen.
3. Die Teebeutel entfernen und den Tee abkühlen lassen.
4. Die Zitronenscheiben, den Ingwer und das Zitronenöl hinzufügen.
5. Nach Geschmack süßen.
6. Vor dem Servieren kalt stellen.

Tipp: Um eine bittere Geschmacksnote zu vermeiden, sollte man den Tee nicht zu lange ziehen lassen.

Süße Versuchung: Zitronen-Kokos-Bällchen

Zutaten:

- 1 Tasse Haferflocken
- ½ Tasse Kokosraspel
- ½ Tasse Mandelbutter
- ¼ Tasse Ahornsirup
- 1 Teelöffel Vanilleextrakt
- 2 Tropfen ätherisches Zitronenöl

Zubereitung:

1. Alle Zutaten in einer Schüssel vermengen.
2. Aus der Masse kleine Bällchen formen.
3. Die Bällchen im Kühlschrank aufbewahren, bis sie fest geworden sind.
4. Vor dem Servieren mit Kokosraspeln bestreuen.

Kokosraspel enthalten gesunde Fette, insbesondere mittelkettige Triglyceride (MCTs), die schnell verdaulich und gesund sind. Zudem sind sie reich an Ballaststoffen, Vitaminen und Mineralstoffen (Eisen, Kalium, Magnesium und Zink), glutenfrei und können sogar als Ersatz für Getreide in vielen Rezepten verwendet werden.

Duftende Köstlichkeit: Zitronen-Muffins

Zutaten:

- 1½ Tassen Allzweckmehl
- ½ Tasse Kristallzucker
- ¼ Tasse brauner Zucker
- 2 Teelöffel Backpulver

- ½ Teelöffel Salz
- Saft von 2 Zitronen
- ¼ Tasse Olivenöl
- ¼ Tasse Milch
- 2 Eier
- 1 Tropfen ätherisches Zitronenöl

Zubereitung:

1. Den Ofen auf 190 °C Ober-/Unterhitze vorheizen und ein Muffinblech mit Papierförmchen auslegen.
2. In einer Schüssel Mehl, Kristallzucker, braunen Zucker, Backpulver und Salz vermengen.
3. In einer separaten Schüssel Zitronensaft, Olivenöl, Milch, Eier und Zitronenöl verrühren.
4. Die feuchten Zutaten zu den trockenen Zutaten geben und gut vermengen.
5. Den Teig in die vorbereiteten Muffinförmchen geben und Muffins etwa 20–25 Minuten backen, bis sie goldbraun sind.

Tipp: Mische die Zutaten nur so lange, bis sie gut vermengt sind. Übermischen kann dazu führen, dass deine Muffins zäh werden.

Verwende einen Eisportionierer oder Löffel, um den Teig in die Muffinformen zu geben. Achte darauf, jede Form zu etwa zwei Drittel zu füllen, um ein gleichmäßiges Aufgehen und eine gleichmäßige Farbe zu gewährleisten.

Es ist auch praktisch, in eine Glas-Sprühflasche Öl und Zitronenöl nach Geschmack zu füllen und damit Backformen und Auflaufformen zu besprühen, statt die Formen mit Öl zu bepinseln.

Spritzig Frisch: Zitronen-Minz-Sprudelwasser

Zutaten:

- 1 Tropfen ätherisches Zitronenöl
- ½ Tropfen ätherisches Pfefferminzöl
- 1 Glas Sprudelwasser

Anleitung:

1. Tropfe das Zitronen- und Pfefferminzöl in ein Glas und fülle mit Sprudelwasser auf. Vermische das ätherische Öl gut.
2. Mit Eiswürfeln und einer Zitronenscheibe garniert servieren.

Tipp: Schüttle vor dem Öffnen das Sprudelwasser vorsichtig, um den Kohlensäuregehalt zu verteilen und ein gleichmäßiges Sprudeln zu erreichen. Außerdem sollte das Wasser gut gekühlt sein, um das Erfrischungsgefühl zu maximieren.

Aroma Pur: Zitronen-Minz-Pesto

Zutaten:

- 2 Tassen frische Minzeblätter
- ½ Tasse geriebener Parmesan
- ½ Tasse geröstete Pinienkerne
- Saft von 1 Zitrone
- ¼ Tasse Olivenöl
- 2 Knoblauchzehen
- 1–2 Tropfen ätherisches Zitronenöl
- Salz und Pfeffer nach Geschmack

Zubereitung:

1. Minzeblätter, Parmesan, Pinienkerne, Zitronensaft, Olivenöl und Knoblauch in einem Mixer oder einer Küchen-

maschine vermengen, bis alles gut zu einem Pesto vermischt ist.

2. Mit Salz und Pfeffer abschmecken.
3. Das Pesto in einem Glasbehälter im Kühlschrank aufbewahren.
4. Das Pesto zu Nudeln, auf Crostini oder als Dip servieren.

Tipp: Verwende für Pesto hochwertige Zutaten, frische Kräuter, frisch geriebenen Parmesan und hochwertiges Olivenöl für das beste Ergebnis. Außerdem kannst du verschiedene Variationen von Nüssen wie Pinienkerne, Walnüsse oder Mandeln verwenden, um deinem Pesto eine einzigartige Note zu verleihen. Willst du es länger aufbewahren, kannst du es in ein Einmachglas füllen und mit einer Schicht Olivenöl bedecken, um es vor Luft und Feuchtigkeit zu schützen.

Wusstest du? Das Wort »Pesto« kommt aus dem Italienischen und leitet sich vom Verb »pestare« ab, was »zerstoßen« oder »zerstampfen« bedeutet. Dies bezieht sich auf die Art und Weise, wie die Zutaten für ein traditionelles Pesto alla genovese hergestellt werden: indem man Basilikumblätter, Knoblauch, Pinienkerne, Parmesankäse und Olivenöl in einem Mörser zerstampft.

Gesund & Lecker: Zitronen-Kurkuma-Drink

Zutaten:

- Saft von ½ Zitrone
- 1 Teelöffel gemahlene Kurkuma
- 1 Teelöffel Honig
- 1 Prise schwarzer Pfeffer
- 1–2 Tropfen ätherisches Zitronenöl
- 1 Glas warmes Wasser

Zubereitung:

1. Zitronensaft, Kurkuma, Honig, Pfeffer und das ätherische Zitronenöl in einem Glas mischen, mit warmem Wasser auffüllen.
2. Trinke täglich davon, um Entzündungen zu reduzieren und das Immunsystem zu stärken.

Kurkuma oder Gelbwurz gehört zur Familie der Ingwergewächse und ist eine wichtige Zutat in vielen indischen Gerichten. Kurkuma enthält Curcumin, ein starkes Antioxidans, das viele gesundheitliche Vorteile bietet. Zusammen mit ätherischem Zitronenöl wird das Getränk zusätzlich in seiner Wirkung potenziert.

Sommerlich leicht: Zitronen-Dill-Hummus

Zutaten:

- 1 kleine Dose Kichererbsen
- 2 Esslöffel Tahini
- 2 Esslöffel Olivenöl

- 2 Esslöffel Zitronensaft
- 5 Tropfen ätherisches Zitronenöl (nach Geschmack)
- 1 gehackte Knoblauchzehe
- ½ Teelöffel Kreuzkümmel
- ½ Teelöffel Salz
- ¼ Teelöffel Paprikapulver
- 1 Esslöffel gehackter Dill

Zubereitung:

1. Kichererbsen abtropfen lassen und anschließend in eine Küchenmaschine geben.
2. Tahini, Olivenöl, Zitronensaft, Zitronenöl, Knoblauchzehe, Kreuzkümmel, Salz, Paprika und Dill hinzufügen.
3. Alles zu einer glatten Paste pürieren und mit etwas Olivenöl beträufeln.

Hummus ist eine orientalische Spezialität, die aus pürierten Kichererbsen, Tahini (Sesampaste), Olivenöl, Knoblauch und Gewürzen besteht. Das Gericht ist gesund und nahrhaft, denn Hummus ist reich an Proteinen und ungesättigten Fettsäuren, Ballaststoffen und Antioxidantien.

Duftend würzig: Zitronen-Koriander-Quinoa

Zutaten:

- 1 Tasse Quinoa
- 2 Tassen Wasser
- ¼ Tasse Zitronensaft
- 5+ Tropfen ätherisches Zitronenöl (nach Geschmack)
- ¼ Tasse gehackter Koriander
- 1 gehackte Knoblauchzehe

- ½ Teelöffel Kreuzkümmel
- ½ Teelöffel Salz

Zubereitung:

1. In einem Topf Quinoa und Wasser zum Kochen bringen. Dann die Hitze reduzieren und Quinoa ca. 15 Minuten köcheln lassen, bis das Wasser aufgesogen und der Quinoa weich ist.
2. In einer Schüssel die restlichen Zutaten mischen.
3. Die gekochte Quinoa damit vermengen und warm oder kalt servieren.

Wusstest du? Quinoa aus der Familie der Fuchsschwanzgewächse ist in den Anden Südamerikas beheimatet und hat mehrere Vorteile: Quinoa ist glutenfrei, proteinreich (Quinoa enthält alle neun essenziellen Aminosäuren, die der Körper nicht selbst herstellen kann), ist reich an verdauungsfördernden Ballaststoffen sowie an Mineralstoffen (Eisen, Magnesium, Kalium, Phosphor, Kupfer, Zink und Mangan). Und Quinoa ist vielseitig und kann auf verschiedene Arten zubereitet werden. Sie eignet sich für Salate, Suppen, als Beilage oder als Hauptgericht.

Zitronen-Rosmarin-Kartoffeln: Das perfekte Beilagen-Gericht

Zutaten:

- 3 große Kartoffeln (oder 5 kleinere)
- 3 Esslöffel Olivenöl
- 3 Tropfen ätherisches Zitronenöl
- Gehackter Rosmarin (oder 1 Tropfen ätherisches Rosmarinöl)
- Salz

Zubereitung:
1. Kartoffeln schälen und in kleine Stücke schneiden. Mit Olivenöl, Zitronenöl, Rosmarin und Salz in einer Schüssel mischen.
2. Auf ein gefettetes oder mit Backpapier belegtes Backblech geben und bei 200 °C Ober-/Unterhitze in 20–30 Minuten goldbraun backen.

Die Verwendung von Rosmarin oder Rosmarinöl in der Aromaküche verbessert nicht nur den Geschmack von Gerichten. Das Kraut/Öl hat auch beeindruckende gesundheitliche Vorteile und kann nicht zuletzt die Stimmung verbessern.

Köstlich frisch: Zitronen-Ingwer-Lachs

Zutaten:
- Lachsfilets
- Ingwer und Knoblauch (Pulver)
- Salz und Pfeffer
- Olivenöl
- 2–3 Tropfen ätherisches Zitronenöl pro Lachsfilet

Zubereitung:
1. Lachsfilets mit Ingwer, Knoblauch, Salz und Pfeffer würzen und in einer Pfanne im heißen Olivenöl braten, bis sie durchgegart sind.
2. Vor dem Servieren das Zitronenöl auf die Lachsfilets tröpfeln.
3. Mit Reis und gedünstetem Gemüse servieren.

Hinweis: Bitte beachte, dass die hoch konzentrierten ätherischen Öle in der Küche mit Bedacht und Vorsicht verwendet werden. Fühlst du dich unsicher, ob du ätherische Öle in deinen Rezepten verwenden solltest, konsultiere bitte einen Aroma-Experten und lasse dich beraten. Die Vorteile von ätherischen Ölen für das allgemeine Wohlbefinden von Mensch und Tier sind vielversprechend.

Zitronenzauber: Kreative Desserts mit Zitronenöl

Fruchtig frisch: Zitronentörtchen

Zutaten:

- 100 g Mehl
- 50 g kalte, gewürfelte Butter
- 1 Esslöffel Puderzucker
- 1 Eigelb
- 1 Prise Salz
- 1 Dose gezuckerte Kondensmilch
- 4 Eigelb
- ¼ Tasse Zitronensaft
- 1 Teelöffel Bio-Zitronenabrieb
- 2 Tropfen ätherisches Zitronenöl

Zubereitung:

1. Mehl, Butter, Puderzucker, Eigelb und Salz in einer Schüssel vermengen und mit den Händen zu einem Teig kneten.
2. Den Teig in mit Backpapier ausgelegte Törtchenformen drücken und dabei einen Rand formen. Anschließend 20 Minuten in den Kühlschrank stellen.
3. In einer Schüssel Kondensmilch, Eigelb, Zitronensaft, Zitronenabrieb und ätherisches Zitronenöl verrühren.

4. Die Mischung auf den Teigboden geben und im vorgeheizten Ofen bei 180 °C Ober-/Unterhitze etwa 20–25 Minuten backen.
5. Aus dem Ofen nehmen und vollständig abkühlen lassen, bevor die Törtchen aus der Form genommen werden.

Tipp: Wenn dein Puderzucker hart geworden ist, kann er kurz (!) im Backofen bei niedriger Temperatur erwärmt werden, um ihn wieder weich zu machen.

Solltest du einmal kein Ei zur Verfügung haben, greife zu einem natürlichen Ei-Ersatz: Für Kuchen und Gebäck kann man beispielsweise Apfelmus, Sojamehl, Bananen oder Essig als Ersatz für Eier nutzen. Für herzhafte Gerichte kann man Tofu oder pürierte Hülsenfrüchte wie Kichererbsen als Ei-Ersatz verwenden.

Erfrischender Abschluss: Zitronen-Buttermilch-Pudding

Zutaten:

- 4 Esslöffel Speisestärke
- 100 g Zucker
- 1 Prise Salz
- 500 g Buttermilch
- Saft und Schale von 2 Biozitronen
- 5 Tropfen ätherisches Zitronenöl (nach Geschmack)

Zubereitung:

1. Speisestärke, Zucker und Salz in einem Topf vermengen. Buttermilch, Zitronensaft und -schale unterrühren, bis eine glatte Masse entsteht.

2. Das Ganze bei mittlerer Hitze erwärmen und ständig rühren, bis die Masse zu kochen beginnt und eindickt.
3. Den Topf vom Herd nehmen und das ätherische Zitronenöl unterrühren.
4. Die Masse in Schälchen füllen und mindestens 2 Stunden kalt stellen.

Tipp: Buttermilch hat einen geringeren Fettgehalt als Vollmilch (falls du abnehmen willst), ist reich an Nährstoffen (Kalzium, Kalium, Vitamin B_{12} und andere), enthält verdauungsfördernde Probiotika und ist gesund.

Fruchtig gerollt: Zitronen-Biskuitrolle

Zutaten:

- 4 Eier
- ½ Tasse Zucker
- ¼ Tasse Mehl
- ¼ Tasse Maismehl
- 1 Teelöffel Backpulver
- 5 Tropfen ätherisches Zitronenöl (nach Geschmack)
- Konfitüre für Füllung (nach Belieben)
- Puderzucker zum Bestäuben

Zubereitung:

1. Den Backofen auf 200 °C Ober-/Unterhitze vorheizen und ein Backblech mit Pergamentpapier auslegen.
2. Eier und Zucker in einer Schüssel schaumig schlagen.
3. Mehl, Maismehl und Backpulver mischen und nach und nach unter die Eimischung rühren.
4. Das Zitronenöl hinzufügen und gut unterrühren.
5. Die Mischung auf das Backblech gießen und gleichmäßig verteilen.

6. Für 10–12 Minuten backen, bis der Biskuit goldbraun ist.
7. Den Biskuit aus dem Ofen nehmen und auf ein sauberes Küchentuch stürzen, Pergament vorsichtig abziehen.
8. Den Biskuit mithilfe des Küchentuchs vorsichtig zusammenrollen.
9. Für 10–15 Minuten in den Kühlschrank stellen.
10. Aus dem Kühlschrank nehmen, den Biskuit vorsichtig entrollen und Küchentuch entfernen. Nach Belieben mit Konfitüre besteichen und in die endgültige Form bringen.
11. Mit Puderzucker bestäuben und in Scheiben schneiden.

Tipp: Ein guter Rat für die Zubereitung einer Biskuitrolle ist, den Biskuitteig dünn und gleichmäßig auf dem Backblech zu verteilen und ihn nicht zu lange im Ofen zu belassen, da er sonst brüchig und schwer aufzurollen sein kann. Außerdem ist es hilfreich, den Biskuitteig direkt nach dem Backen noch warm und flexibel auf ein sauberes, feuchtes Küchentuch zu legen und sofort vorsichtig aufzurollen, um ihm die spätere Form der Biskuitrolle zu geben. Lasse die Rolle abkühlen, bevor du sie mit deiner Lieblingsfüllung bestreichst und endgültig aufrollst.

Cremige Versuchung: Zitronen-Mascarpone-Creme

Zutaten:

- 250 g Mascarpone
- 200 g Sahne
- 3 Esslöffel Zucker
- 1 Teelöffel Vanilleextrakt
- Saft und Schale von 2 Biozitronen
- 2–5 Tropfen ätherisches Zitronenöl (nach Geschmack)

Zubereitung:

1. Mascarpone, Sahne, Zucker und Vanilleextrakt in eine Schüssel geben und mit einem Handmixer cremig schlagen.
2. Saft und Schale der Zitronen hinzufügen und gut untermengen.
3. Ätherisches Zitronenöl hinzufügen und unterziehen.
4. Die Zitronen-Mascarpone-Creme in Dessertgläser füllen und mindestens 2 Stunden kalt stellen.
5. Vor dem Servieren mit Zitronenschale garnieren.

Wusstest du? »Mascarpone« ist ein italienischer Frischkäse aus der Lombardei, der aus Sahne hergestellt wird. Er hat einen hohen Fettgehalt und eine cremige Konsistenz und wird häufig in Desserts verwendet.

Süßer Genuss: Zitronen-Mandel-Kuchen

Zutaten:

- 200 g gemahlene Mandeln
- 100 g Mehl
- 200 g Zucker (brauner oder Kokoszucker)
- 1 Prise Salz
- 4 Eier
- 100 ml Sonnenblumenöl
- 1 Teelöffel Backpulver
- Saft und Schale von 2 Biozitronen
- 5 Tropfen ätherisches Zitronenöl (nach Geschmack)

Zubereitung:

1. Den Backofen auf 180 °C Ober-/Unterhitze vorheizen und eine Springform mit Backpapier auslegen.
2. Gemahlene Mandeln, Mehl, Zucker und Salz in eine Schüssel geben und mischen.
3. Eier trennen und das Eiweiß steif schlagen.
4. Das Eigelb mit Sonnenblumenöl, Backpulver, Saft und Schale der Zitronen und ätherischem Zitronenöl vermischen.
5. Die trockenen Zutaten zur Eigelbmischung geben und gut verrühren.
6. Das steif geschlagene Eiweiß vorsichtig unterheben.
7. Den Teig in die vorbereitete Springform füllen und 35–40 Minuten backen.
8. Vor dem Servieren mit Puderzucker bestäuben und mit Zitronenscheiben garnieren.

Tipp: Ein Geheimtipp für das Backen von Kuchen ist, alle Zutaten sorgfältig abzumessen und auf Raumtemperatur zu bringen, bevor man sie verwendet. Dadurch wird sichergestellt, dass alle Zutaten gut vermischt werden und der Teig gleichmäßig aufgeht. Außerdem sollte man den Kuchen nicht zu lange im Ofen belassen, um ein Austrocknen zu vermeiden. Am besten macht man einen Stäbchentest, um zu überprüfen, ob der Kuchen fertig ist. (Der Kuchen ist fertig, wenn am Zahnstocher kein Teig haften bleibt.)

Zitronenquark: Frischer Quarkgenuss

Zutaten:

- 250 g Magerquark
- 50 g Zucker
- 1 Esslöffel Vanillezucker
- Saft und Schale von 1 Zitrone
- 2–4 Tropfen ätherisches Zitronenöl (nach Geschmack)

Zubereitung:

1. Quark, Zucker, Vanillezucker, Zitronensaft und Zitronenschale in einer Schüssel verrühren.
2. Zitronenöl hinzufügen und gut unterrühren.
3. Die Creme in kleine Schälchen füllen und mindestens 1 Stunde in den Kühlschrank stellen.
4. Vor dem Servieren mit Zitronenschale garnieren.

Tipp: Man kann den Quark vor dem Verwenden durch ein Sieb streichen, um eventuelle Klümpchen zu entfernen und eine glattere Konsistenz zu erreichen. Zudem kann man den Quark nach Belieben mit etwas Milch oder Sahne cremiger machen.

Luftig und lecker: Zitronenmousse

Zutaten:

- 3 Eigelb
- ¼ Tasse Zucker
- 1 Teelöffel abgeriebene Bio-Zitronenschale
- ½ Tasse Zitronensaft
- 1 Päckchen ungesüßtes Gelatinepulver
- 2–5 Tropfen ätherisches Zitronenöl (nach Geschmack)
- 2 Tassen Schlagsahne

Zubereitung:

1. Eigelb, Zucker, Zitronenschale und Zitronensaft in einer Schüssel über einem Wasserbad unter ständigem Rühren erhitzen, bis die Masse dickflüssig wird.
2. Die Gelatine in etwas kaltem Wasser vollständig auflösen (um Klümpchen zu vermeiden) und dann in die heiße Zitronenmischung rühren.
3. Vom Wasserbad nehmen und ätherisches Zitronenöl hinzufügen. Gut umrühren und abkühlen lassen.
4. Die Sahne steif schlagen und unter die abgekühlte Zitronenmasse heben.
5. Zitronenmousse in Dessertschalen oder Gläser füllen und mindestens 2 Stunden kalt stellen, damit das Mousse fest wird.
6. Vor dem Servieren mit Zitronenscheiben oder Zitronenmelisse garnieren.

Hinweis: Das Kochen über Wasserdampf bewirkt, dass der Zucker langsam und gleichmäßig erhitzt wird und nicht verbrennt oder klumpt. Gelatine wird in kaltem Wasser angerührt, damit sie aufquellen kann, bevor sie aufgelöst wird. Wenn Gelatine direkt in heißes Wasser gegeben wird, kann sie verklumpen.

Wusstest du? Edgar Cayce, »der schlafende Prophet«, empfahl Gelatine als Nahrungsergänzungsmittel, insbesondere zur Stärkung der Haut und Nägel.

Einfach köstlich: Zitronen-Buttermilch-Kuchen

Zutaten:

- 2 Tassen Mehl
- 1 Teelöffel Backpulver
- ½ Tasse weiche Butter
- 1 Tasse Zucker
- 2 Eier
- ½ Tasse Buttermilch
- 1 Teelöffel Vanilleextrakt
- 5 Tropfen ätherisches Zitronenöl (nach Geschmack)
- ¼ Tasse Zitronensaft

Zubereitung:

1. In einer großen Schüssel Mehl und Backpulver mischen.
2. In einer anderen Schüssel die Butter und den Zucker cremig rühren. Eier hinzufügen und gut verrühren. Dann Buttermilch, Vanilleextrakt, ätherisches Zitronenöl und Zitronensaft hinzufügen und gut verrühren.
3. Die nassen Zutaten in die trockenen Zutaten geben und gut verrühren. In eine gefettete Kuchenform füllen und bei 180 °C Ober-/Unterhitze 30–35 Minuten backen.

Tipp: Für die Verwendung von Butter in Kuchen rühre die Butter schaumig. Die Butter sowie die restlichen Zutaten sollten Zimmertemperatur haben, bevor sie vermischt werden. Dadurch können sich die Zutaten besser miteinander vermengen, was zu einer homogeneren Textur führt.

»Wenn das Leben dir Zitronen gibt, mach Limonade daraus.«

Mark Twain

VI.

Zitronenöl für Gesundheit und Wohlbefinden, Schönheit und Lebensfreude

»Die Zitrone ist eine der glücklichsten Früchte,
die Sonne, Meer, Erde und Himmel vereint.«
Antoine de Saint-Exupéry

Die Wunder der Natur: Einzigartige Geschenke, die Freude bringen

Genieße die vielen Vorteile dieses faszinierenden Zitronenöls!

Es ist erstaunlich, wie eine so kleine, strahlend gelbe Frucht diese Fülle an bemerkenswertem Nutzen bergen kann! Ich hoffe aufrichtig, dass dieser Zitronenöl-Ratgeber dir die Augen dafür geöffnet hat, wie mühelos du das aromatische Zitronenöl in deinen Alltag integrieren kannst, um Schönheit, Lebensfreude und Gesundheit zu fördern.

Jenseits der Seiten dieses Ratgebers – in den Laboren der Wissenschaft – liegen die Akten voller einzigartiger Vorteile, die schon ein einziger Tropfen ätherisches Zitronenöl für deine körperliche, emotionale und geistige Gesundheit bereithält – sei es durch Inhalation, äußerliche Anwendung oder als Teil deiner Ernährung. Ein Blick auf die neuesten wissenschaftlichen Erkenntnisse gibt einen Vorgeschmack auf das breite Spektrum der positiven Effekte dieses Öls.

Lass dich von der Wunderwelt des Zitronenöls bereichern.
Nachdem du die faszinierenden Facetten des ätherischen Zitronenöls entdeckt hast, eröffnet sich nun ein Universum voller praktischer Anwendungen. Über 100 Möglichkeiten wollen dir zeigen, wie Zitronenöl dein Leben bereichern kann. Nun ist es an der Zeit, dieses Wissen in die Tat umzusetzen und die vielfältigen Vorteile in deinem Alltag zu erleben. Freue dich darauf, die Kraft des Zitronenöls täglich zu nutzen und dadurch dein Wohlbefinden zu steigern!

Dein individueller Praxisleitfaden für ätherische Öle erwartet dich.
Betrachte diesen Leitfaden als deinen persönlichen Wegweiser in die Welt der ätherischen Öle. Er dient dir als flexibles Handbuch, um jede Rezeptur deinen Bedürfnissen anzupassen. Falls du beispielsweise empfindlich auf Zitronenöl reagierst oder dich heute am Strand sonnen lassen willst, lade ich dich ein, kreativ zu werden und Zitronenöl durch ein anderes Öl zu ersetzen, das dir nützt, Freude bereitet und Wohlbefinden schenkt. Ob Lavendel, Weihrauch, Sandelholz oder ein anderes Lieblingsöl – gestalte jedes Rezept individuell nach deinem Geschmack und deinen Vorlieben. Dieser Leitfaden möchte dich inspirieren, die Welt der ätherischen Öle auf deine ganz persönliche Art zu entdecken und zu genießen.

Feiere die Gaben der Natur: Ein Schatz voller Liebe und Fülle
Die Natur birgt in ihren Blütenblättern, Kräutern, Wurzeln, Sträuchern und Bäumen wahre Schätze an Liebe und Fülle. Sie bietet uns die Möglichkeit, aus diesem Überfluss zu schöpfen und unsere Kreativität verantwortungsvoll zu entfalten.

Die Wissenschaft bestätigt in unzähligen Studien, dass ätherisches Zitronenöl wesentliche gesundheitliche Vorteile bietet. In der Naturheilkunde schon immer geschätzt und genutzt, können wir heute das duftende Zitronenöl in der Aromaküche für Gesundheit und Wohlbefinden, in der Schönheitspflege und als wertvollen Haushaltshelfer ganz einfach nutzen. Alles, was wir dazu brauchen, ist ein Fläschchen Zitronenöl, aus dem wir einige Tropfen zur Unterstützung in unseren täglichen Tagesablauf integrieren:

- Morgens beim Zähneputzen einen Tropfen ins Mundwasser geben.
- Den Duft in den Pflegeprodukten genießen.
- Für klares Denken und Fokus im Büro den Aroma-Diffuser laufen lassen.
- Einen Tropfen ins Essen und Trinken integrieren für Energie und gesundheitliche Unterstützung.
- Bei gesundheitlichen Problemen ein paar Tropfen auf die Fußsohlen reiben, um das Immunsystem zu unterstützen.
- Bei Erkältung ein paar Tropfen ins Bad geben, als Duftinhalation verwenden oder als Balsam auf die Brust reiben.

Du wirst erstaunliche Ergebnisse erleben, denn jedes reine ätherische Öl wirkt genau dort, wo du individuelle Unterstützung benötigst. Ätherische Öle sind erfüllt von dem göttlichen Geist, der Ruhe und Harmonie in unser oft hektisches Leben bringt, wenn wir uns darauf einlassen. Ihre himmlischen Düfte erinnern uns stets an dieses wunderbare Geheimnis.

Und so wünsche ich dir unvergessliche Momente mit dem reinen ätherischen Zitronenöl. Teile deine Erfahrungen und Erfolge mit der Welt – und mit mir. Ich freue mich darauf, von dir zu hören!

Für Wohlbefinden, Schönheit und Lebensfreude!
In herzlicher Verbundenheit

Deine Maria L. Schasteen

www.mariaschasteen.com
www.secretsofnature.org

Ein Sinnbild für die goldene Zitrusfrucht,
»die Frucht der Götter«,
die wahrlich eine Verwalterin göttlicher Liebe ist:

Die Ursache für das Leben

»Was also ist die Ursache für das Leben?
Das Leben ist Gottes Segen für jede Seele – für dich –, um zu lernen, wie man Liebe schenkt und annimmt. Genau das spielt sich hinter den Kulissen dieses großartigen Labors des Lebens ab.
Das Geheimnis aller Zeiten ist, dass jeder von uns ein Verwalter göttlicher Liebe sein soll.«

Harold Klemp, Der Ton der Seele

Das solltest du jetzt tun:

- **Vertrauenswürdige Quelle:** Wenn du noch kein ätherisches Zitronenöl zu Hause hast, besorge dir ein Fläschchen von einem renommierten Unternehmen. Akzeptiere ausschließlich ein hochwertiges, reines Zitronenöl, denn nur ein solches kann dir den erwarteten Erfolg bringen. (Verfälschte Öle, Duftöle oder gar 100% synthetische Öle gefährden deine Gesundheit!)

- **Nahrungsergänzung:** Willst du ein Zitronenöl in deiner Aromaküche verwenden, wähle ein Zitronenöl, das auf dem Etikett die Bezeichnung *Nahrungsergänzung* oder *Zum Verzehr geeignet* aufweist. Frage einen vertrauenswürdigen Aromatherapie-Kundigen um Rat.

- **Sichere Anwendung:** Lies die Richtlinien zur sicheren Anwendung ätherischer Öle im nächsten Abschnitt. Das ist dann besonders wichtig, wenn du erst beginnst, ätherische Öle kennenzulernen.

- **Der Plan:** Mache dir einen Plan und überlege, wie du fortan Zitronenöl anwenden willst. Selbst wenn du »nur« morgens und abends die Fußsohlen mit Zitronenöl einreibst, hast du eine wertvolle Routine entwickelt, die dir spürbare Erfolge bringen wird. Du fühlst vielleicht, wie das Öl aufsteigt, deine Beine stärkt. Binnen 20 Minuten wandert das ätherische Öl von der Fußsohle bis zur Haarspitze! (Wechsle dieses Ritual mit einem anderen Öl ab, damit sich der Körper nicht an ein Öl gewöhnt.)

Hast Du Fragen, kontaktiere mich persönlich über das Kontaktformular auf meiner Website. Zusätzlich ist mein Virtuelles *Lexikon der Ätherischen Öle* auf mariaschasteen.com rund um die Uhr für dich da, um deine Fragen zu beantworten.

VII.

Anhang

Richtlinien zur sicheren Anwendung von ätherischem Zitronenöl:

- **Verdünnung:** Ätherisches Zitronenöl sollte vor der äußerlichen Anwendung immer mit einem Trägeröl (Olivenöl, Kokosöl, Jojobaöl etc.) verdünnt werden.
- **Hauttest:** Vor der ersten Anwendung einen Patch-Test (auf der Innenseite des Unterarms) durchführen, um allergische Reaktionen auszuschließen.
- **Direkte Sonneneinstrahlung vermeiden:** Ätherisches Zitronenöl kann die Haut lichtempfindlicher machen. Man sollte direkte Sonneneinstrahlung oder UV-Licht für 24–48 Stunden nach der Anwendung von ätherischem Zitronenöl auf der Haut vermeiden.
- **Innere Anwendung:** Ätherisches Zitronenöl zur Verwendung in der Aromaküche muss auf dem Etikett den Vermerk *Nahrungsergänzung* oder *Zum Verzehr geeignet* aufweisen. (Duftöle sind gesundheitsschädigend.) Oft genügt 1 einziger Tropfen zum Würzen von Speisen und Getränken.
- **Aufbewahrung:** Dunkel und bei Raumtemperatur lagern, außerhalb der Reichweite von Kindern aufbewahren.
- **Aufsicht bei Kindern:** Kinder lieben den natürlichen Duft von ätherischen Ölen. Daher sind Kinder bei der Verwendung ätherischer Öle dringend zu beaufsichtigen.
- **Schwangerschaft und Stillzeit:** Bei der Anwendung während der Schwangerschaft und Stillzeit ist Rücksprache mit dem Arzt zu halten.

- **Kontakt mit Augen und Schleimhäuten vermeiden:** Bei Kontakt gründlich mit einem reinen Pflanzenöl (etwa das Speiseöl aus der Küche; nicht mit Wasser) ausspülen.
- **Medizinische Bedingungen:** Bei bestehenden Gesundheitsproblemen oder der Einnahme von Medikamenten versteht es sich von selbst, vor der Anwendung Rücksprache mit einem Arzt zu halten.
- **Vorsicht bei Haustieren:** Die Verwendung von ätherischem Zitronenöl für Haustiere sollte mit einem Aromatherapeuten, Tieraromatologen oder Tierarzt abgesprochen sein. Es ist zu beachten, dass Tiere um ein Vielfaches empfindlicher als Menschen reagieren. Daher wird das hoch konzentrierte ätherische Öl stark verdünnt.

Diese allgemeinen Richtlinien tragen dazu bei, die sichere und effektive Nutzung von ätherischem Zitronenöl zu gewährleisten. Jede Anwendung mit ätherischen Ölen sollte für den Anwender angenehm und erfreulich sein.

Die häufigsten Fragen zum ätherischen Zitronenöl

Warum kann ich nicht einfach Zitrone nehmen, warum Zitronenöl?

Ätherisches Zitronenöl ist im Vergleich zur frischen Frucht konzentrierter und vielseitiger und um ein Vielfaches wirksamer. Es ist einfach zu dosieren und immer verfügbar, ideal für Küche, Aromatherapie, Hautpflege und Haushaltsreiniger. Dabei ist es wichtig, qualitativ hochwertiges, reines Öl zu wählen, frei von Schadstoffen und synthetischen Zusätzen, um seine natürlichen Vorteile voll auszuschöpfen.

Wie wird Zitronenöl hergestellt?

Zitronenöl wird mittels Kaltpressung aus den Schalen der Zitronen extrahiert. Bei diesem Verfahren werden die Schalen mechanisch gepresst, um das ätherische Öl freizusetzen. Dieses Verfahren schützt die empfindlichen Aromastoffe und sorgt dafür, dass das Öl seinen charakteristischen, frischen Zitrusduft behält. Aufgrund seines belebenden und erfrischenden Aromas ist es besonders beliebt in Aromatherapie und Kosmetik. Zitronenöl ist kein dampfdestilliertes Öl, wird aber trotzdem als »ätherisches Öl« bezeichnet.

Wie lange hält ein ätherisches Zitronenöl frisch?

Ätherisches Zitronenöl bleibt nach dem Öffnen bis zu einem Jahr frisch. Diese relativ kürzere Haltbarkeit im Vergleich zu dampfdestillierten Ölen resultiert aus seiner Kaltpressungsmethode. Im Gegensatz zu destillierten Ölen, die fast unbegrenzt haltbar sind, neigt kalt gepresstes Zitronenöl dazu, mit der Zeit ranzig zu werden. Zudem können in nicht destillierten Ölen Allergene enthalten sein, die in dampfdestillierten Ölen typischerweise nicht vorkommen.

Kann man ätherisches Zitronenöl fälschen?

Ätherisches Zitronenöl kann tatsächlich gefälscht werden, oft durch den Einsatz von synthetischen oder naturidentischen Substanzen. Diese Fälschungen imitieren den Zitronenduft, erreichen jedoch weder die gleiche Wirksamkeit noch die Qualität des echten Öls und können sogar schädliche chemische Zusätze enthalten.

Um ein authentisches ätherisches Zitronenöl zu erwerben, wähle einen vertrauenswürdigen Anbieter und achte auf klare

Angaben wie den lateinischen Namen (*Citrus limonum* oder *Citrus limon*) am Zitronenöl-Fläschchen. Ein überzeugendes Zeichen für Qualität ist eine gründliche Laboranalyse. Sei skeptisch bei Produkten, die ungewöhnlich günstig sind oder deren Duft nicht deutlich nach Zitrone riecht, da dies Indikatoren für eine Fälschung sein könnten.

Warum ist die Qualität des ätherischen Zitronenöls so wichtig?

Die Qualität deines ätherischen Zitronenöls spielt eine zentrale Rolle für dessen Wirksamkeit und Sicherheit. Öle minderer Qualität können Verunreinigungen enthalten, die nicht nur die heilenden Eigenschaften beeinträchtigen, sondern auch unerwünschte Reaktionen hervorrufen können, wie zum Beispiel Allergien durch synthetische Duftstoffe.

Ein hochwertiges ätherisches Zitronenöl ist frei von solchen Zusätzen und Verunreinigungen. Es zeichnet sich durch einen reinen, frischen Zitrusduft aus und enthält bioaktive Verbindungen, die für seine gesundheitlichen Vorzüge essenziell sind. Achte also darauf, dein Zitronenöl von einem renommierten Hersteller zu beziehen, der seine Produkte rigoros auf Reinheit und Qualität prüft. Nur so kannst du sicherstellen, dass das Öl frei von Schadstoffen und synthetischen Zusätzen ist.

Für wissenschaftliche Hintergründe und Studien zum ätherischen Zitronenöl schau gerne im Kapitel II nach. Beachte, dass wirkungsvolle Resultate nur mit einem qualitativ hochwertigen Öl erzielt werden können.

Wie viele Zitronen braucht man für 1 Liter Zitronenöl?
Für die Herstellung von nur 15 ml eines qualitativ hochwertigen ätherischen Zitronenöls durch Kaltpressung benötigt man etwa 75 Biozitronen. Dies ergibt ein Öl, das das volle Aroma frisch gepflückter Zitronen einfängt. Für die Herstellung von 1 Liter ätherischem Zitronenöl werden etwa 5000 Biozitronen benötigt.

Zum Vergleich: Einige Hersteller verwenden für die Produktion von 1 Liter Zitronenöl zwischen 2,5 und 3 kg Zitronenschalen. Dies unterstreicht den erheblichen Unterschied in der Qualität und Konzentration des ätherischen Zitronenöls.

Das Virtuelle *Lexikon der Ätherischen Öle* auf mariaschasteen.com – dein umfassender Ratgeber für ätherische Öle
Für zusätzliche Fragen und vertiefende Informationen lade ich dich ein, mein Virtuelles *Lexikon der Ätherischen Öle* zu besuchen. Dieses Lexikon basiert auf meinem umfassenden Wissen über die Wirkungen und Anwendungen ätherischer Öle, das ich in jahrzehntelanger Arbeit gesammelt und entwickelt habe. Du findest es auf www.mariaschasteen.com.

Über die Autorin

Maria L. Schasteen ist ärztlich geprüfte Aromapraktikerin und schaut auf eine über 25-jährige Erfahrung mit ätherischen Ölen zurück. Sie ist Gründerin der Firma *Secrets of Nature.org* und Autorin der Bestseller-Buchserie »Duftmedizin«. Ihre Werke stellen einen bedeutenden Meilenstein im Verständnis und in der Anwendung von ätherischen Ölen dar. Sie sind nicht nur Sammlungen von Informationen; sie sind ein umfassender Leitfaden, der das Verständnis und den Gebrauch von ätherischen Ölen erheblich beeinflusst hat.

Die Liebe der Autorin zur Aromatherapie geht über ihre schriftlichen Werke hinaus. Sie engagiert sich mit Hingabe dafür, die Anwendung von *Duftmedizin* im Alltag zu fördern, um Menschen zu helfen, ein harmonisches Gleichgewicht und tiefes Wohlbefinden in ihrem Leben zu erreichen. Ihre Arbeit spiegelt ihr unerschütterliches Vertrauen in das Wunder der Heilkraft der Natur wider.

Entdecke die Welt der *Duftmedizin* mit Maria L. Schasteen.
www.mariaschasteen.com
www.secretsofnature.org

Schnell und einfach das richtige ätherische Öl finden und gezielt einsetzen

Maria L. Schasteen
Duftmedizin – Das Praxisbuch
Krankheiten von A bis Z
mit ätherischen Ölen behandeln

Duftessenzen, richtig eingesetzt, können bei fast allen Erkrankungen zur Linderung oder Heilung beitragen. In der Praxis verwendet man die ätherischen Öle der Aromatherapie vor allem bei psychosomatischen Beschwerden wie Schlafstörungen, Verstimmung, Nervosität oder Stress. Auch als unterstützende Heilmittel bei Erkältungskrankheiten, Wechseljahrbeschwerden oder nervösen Magen-Darm-Beschwerden sind die ätherischen Öle bereits anerkannt.
Wenn Sie auf der Suche nach natürlichen Heilmitteln sind, ist dieses Buch genau das richtige. Als Nachschlagewerk der ätherischen Öle weist das neue Buch von Maria Schasteen den Weg zu einem natürlichen Umgang mit Krankheiten. Dabei legt die Autorin und langjährige Aromapraktikerin ihr Augenmerk auf einen einfachen und nachvollziehbaren Weg, um mit der Kraft der Aromatherapie Krankheiten zu begegnen und diese auf natürliche Weise zu lindern.

Von Allergien bis Zahnschmerzen werden die Krankheiten dargestellt und das entsprechende Öl dazu aufgeführt.
Das Nachschlagewerk, um schnell und sicher das richtige Öl für die entsprechenden Befindlichkeiten auszuwählen.
ISBN: 978-3-86191-259-0

Bücher von Maria L. Schasteen

Duftmedizin für Kinder
Ätherische Öle und ihre therapeutische Anwendung
bei Babys, Kindern und Jugendlichen
ISBN 978-3-86191-085-5

Duftmedizin für Tiere
Ätherische Öle und ihre Anwendung im Tierreich
ISBN 978-3-86191-079-4

Duftmedizin
Ätherische Öle und ihre therapeutische Anwendung
ISBN 978-3-86191-074-9

Gary Young
Der Pionier der modernen Aromatherapie
ISBN 978-3-86191-109-8

Duftmedizin der Liebe – 33 Seelenöle auf dem Weg zum Glück
ISBN 978-3-86191-216-3

Duftmedizin und Traditionelles Feng Shui
ISBN 978-3-86191-121-0

Erkältung – Mit Duftmedizin vorbeugen und schützen
ISBN 978-3-86191-114-2

Abnehmen – Mit Duftmedizin zum Wohlfühlgewicht
ISBN 978-3-86191-115-9

Schlafstörungen – Besser schlafen und erholt aufwachen mit Duftmedizin
ISBN 978-3-86191-135-7

Krebs-Therapien – Mit Duftmedizin unterstützen und begleiten
ISBN 978-3-86191-217-0

Schmerzen – Mit Duftmedizin auf sanfte Weise lindern
ISBN 978-3-86191-226-2

Depressionen – Hilfe zur Selbsthilfe mit Duftmedizin
ISBN 978-3-86191-231-6

Kleine Hausapotheke der wichtigsten ätherischen Öle
ISBN 978-3-86191-268-2